高等职业教育商务类专业精品课程系列规划教材辅导用书

智慧物流与供应链管理职业能力训练

主编 权 青

苏州大学出版社
Soochow University Press

图书在版编目（CIP）数据

智慧物流与供应链管理职业能力训练 / 权青主编.
苏州 : 苏州大学出版社, 2025. 5（2025. 7 重印）. -- ISBN 978-7-5672-5262-2

Ⅰ. F252. 1-39

中国国家版本馆 CIP 数据核字第 2025D2Y605 号

书　　名：智慧物流与供应链管理职业能力训练

主　　编：权　青
责任编辑：杨　冉
装帧设计：刘　俊

出版发行：苏州大学出版社（Soochow University Press）
社　　址：苏州市十梓街 1 号　**邮编**：215006
印　　刷：镇江文苑制版印刷有限责任公司
邮购热线：0512-67480030
销售热线：0512-67481020

开　　本：787 mm×1 092 mm　1/16　**印张**：7. 25　**字数**：159 千
版　　次：2025 年 5 月第 1 版
印　　次：2025 年 7 月第 2 次印刷
书　　号：ISBN 978-7-5672-5262-2
定　　价：29. 00 元

苏州大学出版社营销部　电话：0512-67481020
苏州大学出版社网址　http://www. sudapress. com
苏州大学出版社邮箱　sdcbs@ suda. edu. cn

PREFACE 前言

在当今数字化浪潮席卷全球的时代，物流行业正经历前所未有的变革。智慧物流与供应链管理，作为行业发展的前沿方向，以其高效、智能、协同的特性，重塑着物流生态，也为物流专业的学生带来新的机遇和挑战。《智慧物流与供应链管理职业能力训练》作为《智慧物流与供应链管理》的配套辅导用书，秉承“知识与能力并重、理论与实践结合”的理念，设置知识概要、同步训练、拓展阅读三大板块，其中知识概要板块又分为项目思维导图、项目重难点分析、项目涉及的主要物流术语三部分内容，旨在为学生提供实用性强、有针对性的学习指南，全方位助力学生提升职业素养。

项目思维导图：以清晰直观的图形化方式，梳理与整合各项目的复杂知识体系，让学生清晰地看到知识点之间的逻辑关系，厘清知识脉络，构建系统的知识框架，这有助于学生高效记忆及提升逻辑思维和知识整合能力，从而避免陷入知识碎片化的困境。

项目重难点分析：对理论知识进行深入剖析，将抽象的理论知识转化为具体、直观的内容。智慧物流与供应链管理领域涉及众多前沿技术和复杂的管理理念，这些内容对于学生来说往往难以理解，因此针对学生在学习过程中的困惑和学习难点进行深入剖析，用图表说明、类比讲解等方式，详细分析重难点知识，将抽象概念具体化，将复杂问题简单化，帮助学生突破学习瓶颈，真正掌握核心知识。

项目涉及的主要物流术语：帮助学生构建专业知识体系，为深入学习和实践奠定坚实基础；通过掌握核心物流术语，可有效提升学生在行业场景中的专业沟通能力，帮助他们在未来的职场中准确、高效地表达观点，理解他人的需求和建议；促进学生的自主学习与知识更新，如当学生看到“绿色物流（Green Logistics）”“最后一公里配送（Last-Mile Delivery）”等新兴术语时，能迅速把握行业发展的新趋势，并通过进一步学习掌握相关知识。同时，还能增强学生的职业认同感与归属感，让他们产生“我是物流人”的身份认同，从而更加积极地投入学习和工作。

同步训练：作为职业能力训练手册的核心环节，设置与工作场景紧密结合的任务训练项目，助力学生巩固理论知识、提升职业能力，培养其解决实际问题的能力、创新思维和职业综合素养。

拓展阅读：拓展学生的视野。智慧物流与供应链管理领域持续发展和创新，新技术、新理念、新商业模式层出不穷。拓展阅读材料不仅能够丰富学生的知识储备，还能激发其学习兴趣和探索精神，培养其自主学习和终身学习能力。

在编写本书的过程中，编者始终以学生为中心，结合团队成员的教学和行业实践经验，力求内容贴近学生实际需求。由于编者水平有限，书中难免存在不足之处，恳请各位专家、广大读者批评指正，并提出宝贵意见，以使本书不断完善。也希望本书能够成为学生学习课程的得力助手，帮助他们在未来的职业道路上更加自信地前行。

CONTENTS 目录

项目一

穿越古今，开启物流小学堂
——物流概述

知识概要

一、本项目思维导图

本项目主要介绍物流的溯源与发展、现代物流的分类与功能、现代物流管理的目标和现代物流业发展趋势等内容，如图 1-1 所示。

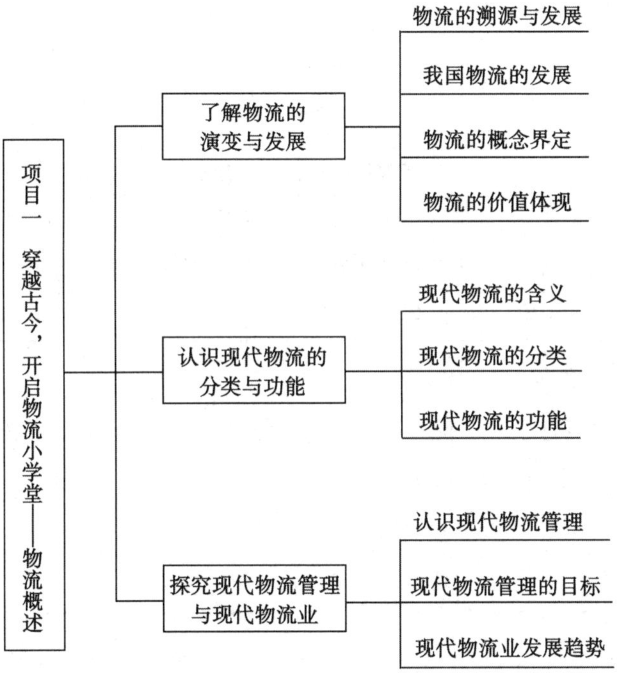

图 1-1　本项目思维导图

二、本项目重难点分析

本项目重难点包括物流的溯源与发展、物流的概念界定与价值体现、现代物流的分类与功能、现代物流管理的内容和目标。

（一）物流的溯源与发展

“物流”概念的提出可以追溯到20世纪初。1901年，美国学者约翰·F. 格鲁威尔在美国政府报告《农产品流通产业委员会报告》中，第一次论述了对农产品配送成本产生影响的各种因素。1921年，美国学者阿奇·萧在《市场流通中的若干问题》一书中首次提出了“Physical Distribution（PD）”的概念。第二次世界大战后，后勤管理的理念和方法开始被引入工业部门与商业部门，形成了一门“后勤管理（Logistics Management）”学科。日本自20世纪50年代中期开始引用“物流”概念。1965年，“Logistics”一词被日本理论界和产业界普遍接受，他们将其解释为“物的流通”或“实物流通”，之后又将其译为“物流”或“综合物流”。

（二）物流的概念界定与价值体现

物流强调物品的实体流动，物品由供应地向接收地流动，包括物品的空间位置移动、时间位置调整和外观形状的改变，通过增加物品效用更好地满足顾客需求。物流是运输、储存、装卸、搬运、包装、流通加工、配送、信息处理等基本功能的有机结合。

物流的价值主要体现在时间价值和空间价值上。

（三）现代物流的分类与功能

1. 现代物流的分类（表1-1）

表1-1　现代物流的分类

序号	分类标准	类型
1	研究层次	宏观物流和微观物流
2	供应链环节	供应物流、生产物流、销售物流、回收物流和废弃物物流
3	物流活动空间范围	区域物流、国内物流和国际物流
4	从事物流活动的主体	第一方物流、第二方物流、第三方物流和第四方物流

2. 现代物流的功能

现代物流的功能有运输、储存、装卸搬运、包装、流通加工、配送和信息处理。

（四）现代物流管理的内容与目标

1. 现代物流管理的内容（表1-2）

表1-2　现代物流管理的内容

管理内容	序号	具体职能	职能内容
物流运作管理	1	包装管理	包装容器和材料的选择与设计；包装技术与方法的改进；包装系列化、标准化、自动化
	2	储存管理	原料、半成品、成品的储存策略；库存统计、库存控制、商品养护等

续表

管理内容	序号	具体职能	职能内容
物流运作管理	3	运输管理	运输工具、运输方式及服务方式的选择；运输线路的选择；车辆的调度与组织
	4	装卸搬运管理	装卸搬运系统的设计、设备的规划与配置、作业的组织等
	5	流通加工管理	加工场所的选定、加工机械的配置、加工技术与方法的研究；加工作业流程的制定与优化
	6	配送管理	配送中心的选址与布局优化；配送机械的合理配置与调度；配送作业流程的制定与优化
	7	物流信息管理	物流业务信息的分析；物流业务信息的录入、存储、传递和加工处理
	8	物流技术管理	各种物流技术的研究、推广与普及；物流科学研究工作的组织与开展；新技术的推广与普及
	9	客户服务管理	组织和监督物流活动相关服务；调研和分析客户对物流活动的反应；决定客户所需要的服务水平和服务项目；等等
	10	物流质量管理	KPI（关键绩效指标）的设定；物流质量的考核与改进
物流要素管理	1	人力资源管理	物流从业人员的选拔与录用；物流专业人才的培训与能力提升；物流教育和物流人才培养规划与措施的制定
	2	物流成本管理	物流成本的预测；物流成本的核算；物流成本的分析；物流成本的控制
	3	物流设备管理	各种物流设备的选型与配置优化；各种物流设备的合理使用与更新改造；各种物流设备的研制、开发与引进；等等

2. 现代物流管理的目标

现代物流管理的目标是以最低的成本向客户提供最优质的物流服务。物流管理同时应实现快速反应、准确交货、降低成本、使客户满意的管理目标。

三、本项目涉及的主要物流术语（表 1-3）

表 1-3　本项目涉及的主要物流术语

序号	物流术语	含义
1	物流	根据实际需要，将运输、储存、装卸、搬运、包装、流通加工、配送、信息处理等基本功能实施有机结合，使物品从供应地向接收地进行实体流动的过程
2	现代物流管理	根据物品实体流动的规律，运用物流管理的基本原理和科学方法对物流活动进行计划、组织、指挥、协调、控制和监督，使各项物流活动实现最佳协调配合，通过降低物流成本和满足市场需求来提高社会效益与经济效益的过程

同步训练

一、单项选择题

1. 下列属于物流对象的是（　　）。

A. 建筑物　B. 未砍伐的森林　C. 矿山　D. 煤炭

2. 现代物流与传统物流最主要的区别在于（　　）。

A. 运输　B. 包装　C. 储存　D. 物流信息

3. 秋季收获的粮食通过仓储保管来满足消费者的全年需要，这是创造了物流的（　　）。

A. 时间效用　B. 空间效用　C. 信息效用　D. 品种效用

4. 如果一家企业的销售额为 1 000 元，物流成本为 400 元，那么当物流成本下降 20%时，企业的利润可以直接增加（　　）元。

A. 80　B. 200　C. 600　D. 100

5. 下列不是物流基本功能的是（　　）。

A. 运输　B. 储存　C. 销售　D. 流通加工

6. 工厂将整块牛肉分割成小块包装起来，属于物流基本功能中的（　　）。

A. 运输　B. 储存　C. 流通加工　D. 客户服务

7. 保护、管理、储藏物品的活动是（　　）。

A. 运输　B. 储存　C. 包装　D. 配送

8. 下列不属于物流的价值的是（　　）。

A. 降低物流成本　B. 提高服务水平

C. 实现商品价值和使用价值　D. 为客户创造价值

9. 下列指狭义的流通的是（　　）。

A. 资金流通　B. 商品流通　C. 信息流通　D. 文化流通

10. 现代物流业以追求（　　）为主要目标，以低库存水平、及时输送和快速反应等手段来提高整体效益。

A. 客户满意　B. 物流成本最低

C. 物流系统整体最优　D. 效率最高

11. 物流的出发点和归宿点是（　　）。

A. 整体最优　B. 运用物流信息技术

C. 成本最低　D. 实现客户满意

12. （　　）物流是在企业范围内进行相关的物流活动的总称。

A. 社会　B. 企业　C. 销售　D. 生产

13. 中国现代物流业的发展始于（　　）年。

A. 1981　　B. 1975　　C. 1967　　D. 1979

14. 下列未按物流活动空间范围分类的是（　　）。

A. 国际物流　　B. 社会物流　　C. 国内物流　　D. 区域物流

15. 下列属于物流中“流”的概念的是（　　）。

A. 流通　　B. 物资　　C. 物品　　D. 商品

16. 为了便于运输，将三个小箱装进一个大箱中，属于物流基本功能中的（　　）功能。

A. 运输　　B. 储存　　C. 销售　　D. 包装

17. 物流系统涵盖的空间领域有（　　）。

A. 微观物流　　B. 社会物流　　C. 一般物流　　D. 国际物流

18. 下列物流活动，不属于微观物流的是（　　）。

A. 企业物流　　B. 生产物流　　C. 社会物流　　D. 供应物流

19. 从（　　）角度出发，物流涵盖了供应物流、生产物流、销售物流、回收物流和废弃物物流等不同的范畴。

A. 物流系统的性质　　B. 物流活动的空间范围

C. 供应链环节　　D. 物流的运输方式

20. 现代物流管理的特征是（　　）。

A. 只注重效果　　B. 以利润最大化为目的

C. 注重整个流通渠道的商品运动　　D. 以和为贵

二、多项选择题

1. 物流管理就是以最低的物流成本达到客户满意的服务水平，对物流活动进行的（　　）。

A. 计划　　B. 组织　　C. 协调　　D. 控制

2. 微观物流研究的特点包括（　　）。

A. 综观性　　B. 全局性　　C. 具体性　　D. 局部性

3. 物流的作用体现在（　　）。

A. 物流是实现商品价值和使用价值的条件

B. 物流是国民经济的动脉，是连接国民经济各个部分的纽带

C. 物流技术的进步与发展是决定国民经济生产规模和产业结构变化的重要因素

D. 合理的物流对提高全社会的经济效益起着十分重要的作用

4. 所谓优质的物流服务就是对客户使用的商品的一种保证，它包括（　　）。

A. 使客户拥有所期望的商品　　B. 在客户所期望的时间传递商品

C. 符合客户所期望的质量　　D. 使客户总价值大于客户总成本

5. 物流运作管理主要包括（　　）。

A. 包装管理　　B. 人力资源管理

C. 物流技术管理　　D. 客户服务管理

6. 现代物流管理日益发展，它有（　　）的特征。

A. 以实现顾客满意为第一目标　　B. 以企业整体最优为目的

C. 注重整个流通渠道的商品运动　　D. 既重视效率也重视效果

三、判断题

1. 物流从业人员的职业守则包括爱岗敬业、遵纪守法、钻研业务和讲究效率。（　　）

2. 流通实际上就是物流。（　　）

3. 物流是现代社会覆盖最广泛的产业。（　　）

4. 物流活动自人类社会产生后就存在了。（　　）

5. 物流活动克服了供给方和需求方在空间与时间上的距离。（　　）

6. 仓储管理的基本目标是加快仓库周转，为此增加的仓储成本可以忽略不计。（　　）

7. 生产企业习惯将最终产品之外的，在生产领域流转的一切材料（不论其来自生产资料还是生活资料）、燃料、零部件、半成品、外协件及生产过程中必然产生的边、角、余料、废料和各种废物统称为物料。（　　）

8. “西气东输”体现了物流在流通中的时间价值。（　　）

9. 物流坚持以现代市场营销理念为指导，以满足客户需求为出发点和归宿点。（　　）

10. 绿色物流管理是从环保的角度对物流体系进行改进，形成与环境共生型的物流管理系统。（　　）

11. 我国最早引用“物流”概念是在20世纪50年代中期。当时我国非常重视学习西方的科学技术，考察团在考察美国时引入了“物流”概念。（　　）

12. 埋藏在深山中的煤炭经过采掘、输送，作为其他地方发电、取暖的燃料，运输了很远的距离才得以实现时间价值。（　　）

13. 回收物流和废弃物物流都是将失去使用价值的物品返回到供方所形成的物品实体流动。（　　）

14. 整个物流活动中的一个局部、一个环节的具体物流活动，以及在一个小地域空间内发生的具体物流活动属于微观物流。（　　）

15. 供应物流环节最重要的是以库存管理为核心，及时掌握库存状态。（　　）

四、材料分析题

1. 山西省虽是物流量大省，但因物流企业呈现“小、散、弱”格局，一直不是物流产业大省。为了实现“中西部现代物流中心”的目标定位，山西省要求交通运输企业向现代物流企业转型。作为山西省道路运输业的龙头企业，山西汽车运输集团有限公司（以下简称“山西汽运集团”）已走上探索之路且初具成效。

（1）依托传统优势，发展现代物流

交通运输业传统业务以运输、装卸搬运为主，而运输与仓储在现代物流系统中处于核心地位，这种业务功能上的继承性和延伸性使交通运输业更易于向物流业转变。山西汽运集团在传统交通运输业上有着极强的竞争力。从全国范围来看，该集团是唯一以省建制的道路运输企业集团，下属的 32 个子（分）公司遍布山西省各地市，基本形成了以区内结网、省内覆盖、省外辐射为架构的物流专线快运网络。包括山西汽运集团在内的 4 家企业被整体划转至山西能源交通投资有限公司，其战略目标是建设以铁路投资为主体，以现代物流为中心，以多元相关产业为支撑，集路港矿、物产供销为一体的大型物流企业集团。

（2）物流抓园区，园区抓效益

山西汽运集团投资入股，与山西某民营企业合资成立的山西迎泽物流有限公司（现更名为山西汽运集团迎泽物流有限公司），目前已成长为具有全国影响力的仓储、配送一体化物流服务商。山西汽运集团将“物流抓园区，园区抓效益”确立为今后一段时期发展物流业的重要战略，现在正积极通过新建、改建、扩建等多种形式，全力建设在山西省及周边地区具有导向作用的大型物流园区，实现产业的空间集聚、资源的有效整合、业务的流程优化，从而提升辐射带动能力。

问题：

（1）请结合案例材料分析山西汽运集团的物流功能要素有哪些，以及其开展了哪些业务。

（2）山西汽运集团是如何进行现代物流管理的？

2. 大众包餐公司提供全方位包餐服务，由上海某饭店的下岗职工李杨夫妇创办，最初仅聘用了2名厨师和8名食品准备工，如今已发展成为苏锡常地区小有名气的餐饮服务企业之一。大众包餐公司的服务分成两类：递送盒饭和套餐服务。

在递送盒饭方面，盒饭包括荤菜、素菜、卤菜、大众汤和普通水果，其中荤菜6种、素菜10种、卤菜4种、大众汤3种和普通水果3种。菜单变化不大，但服务总体需求稳定。大众包餐公司要求顾客在上午10点前打电话预订，以便确保当天递送到位。

在套餐服务方面，公司主要为企事业单位提供冷餐会套餐、大型聚会套餐，以及一般家庭的家宴和庆宴。因为这项服务季节性强，又与法定节假日相关，需求量忽高忽低，有旺季和淡季之分，所以要求顾客提前几周甚至一个月预订。

大众包餐公司设施布局类似于一个加工车间，分为热制食品工作区、冷菜工作区、卤菜准备区、汤类与水果准备区及配餐工作区，还有3间小冷库用于储存冷冻食品，1间大型干货间用于储藏不易变质的物料。设施设备的限制及食品变质的风险，制约着大众包餐公司的发展。

包餐行业竞争激烈，高质量的食品、可靠的递送、灵活的服务及低成本的运营等都是在这一行业求生存、谋发展的根本。李杨夫妇最近参加了现代物流知识培训班，对准时化运作和第三方物流服务的印象很深，也开始思考其公司的转型发展。

问题：

（1）大众包餐公司实施准时化服务有无困难？请加以解释。

（2）在引入第三方物流服务时，你会向大众包餐公司提出什么建议？

拓展阅读

物流“智”变驶向高质量发展快车道

在数字经济浪潮的推动下，物流这一实体经济的“筋络”正经历着前所未有的变革。中国物流与采购联合会公布的数据显示，2024 年全国社会物流总额同比增长 5.8%，而社会物流总费用与国内生产总值的比率则降至 14 年来最低。2024 年 11 月，中共中央办公厅、国务院办公厅印发《有效降低全社会物流成本行动方案》，明确到 2027 年，社会物流总费用与国内生产总值的比率力争降至 13.5%左右等目标。这些亮眼的数据背后，是我国物流企业加速数字化、智能化、绿色化转型的生动写照。

数字化为物流插上了“智慧”的翅膀。曾经困扰行业的“信息孤岛”“数据烟囱”等问题，随着物流数据开放互联试点的推进，正逐步得到解决。中储智运等企业的实践表明，通过人工智能自动对比多种运输方案，不仅能有效降低物流成本，还能实时监控运输全程，确保货物安全。这种智慧多式联运系统的应用，正是数字化物流的生动体现。它打破了传统物流的局限，让物流变得更加高效、灵活和智能。

智能化让物流变得更加“聪慧”。无人配送装备在快递业的广泛应用，标志着物流业正逐步迈向智能化时代。在中通快递成都新都网点，无人车的投入使用不仅大幅提高了投递效率，还有效降低了投递成本。例如，在 2024 年春节期间，网点单日投递量同比增长达 4 倍，明显降低了配送成本。无人配送装备在快递业的广泛应用，标志着物流业正逐步迈向智能化时代。从无人机在果园和集货点间的穿梭，到无人车和无人机在农村末端驿站的联运，这些智能化技术的应用正在深刻改变着物流业的面貌，为物流业的可持续发展注入了新的动力。

绿色化是物流业转型的必然趋势。在红星全球农批中心，新能源货车的往来穿梭成为一道亮丽的风景线。这些新能源货车以其环保节能的特性，为司机带来了显著的用车成本节约。随着政策的推动和市场的认可，新能源货车在物流业的应用越来越广泛。它们正在逐步替代传统的燃油货车，成为物流运输的主力军。这一转变不仅有助于减少碳排放，推动绿色发展，还能促进物流业的降本增效。

数字化、智能化、绿色化的转型不仅让物流企业自身受益匪浅，更为整个经济社会的高质量发展提供了有力支撑。通过构建内外联通、安全高效、智慧绿色的现代物流体系，物流业正在为实体经济的发展注入新的活力。这些转型不仅促进了物流成本的削减与行业效能的飞跃，更深刻改变了经济社会的发展模式。

展望未来，随着更多创新技术的应用和政策支持力度的加大，我国物流业的发展前景将更加广阔。我们有理由相信，在数字化、智能化、绿色化的驱动下，我国物流业将驶向高质量发展的快车道，为构建新发展格局、推动经济社会高质量发展做出更大贡献。

（来源：中国日报网，有改动）

世界上包邮率最高的国家——中国

在“双 11”全国（港澳台地区除外）的包裹里，近 98%的商品都能实现包邮。在中国，快递已进入全民包邮时代！当我们在淘宝网上花 2.9 元买一包发绳都享受包邮的时候，许多国家的人民还需要买满 199 美元才能享受免运费服务。

（1）受到电商经济蓬勃发展的激励

2024 年前三季度，全国网上零售额达 10.9 万亿元，同比增长 8.6%。其中，实物商品网上零售额为 9.1 万亿元，同比增长 7.9%，快递业务量超 1 200 亿件。就连地处祖国西南边陲的西藏，2023 年快递业务量也已超 2 000 万件，而西藏人口仅 365 万左右。

很多消费者会疑惑，那些售卖几块钱商品还包邮的卖家能盈利吗？事实上，电商的核心竞争力并不是单纯的价格，而是店铺流量，如果把非常便宜且包邮的商品打造成爆款，也能带动店里其他商品的销售，商家整体并不会亏本。而在销量持续上升后，商家还可以优化供应链，找到更便宜的进货渠道和快递公司，或者与快递公司达成协议，按总重量计费（比如每千克两元），那么分摊到一包头绳，运费确实可以变成几毛钱。

（2）反向推动物流体系的发展

从物流基础来看，江浙沪发展比较均衡，人口密度大，同时也是制造业中心，有多个沿海港口，商品贸易流量大，陆路货运不容易出现空转，可以摊薄运费。

而要把包邮推广到人烟稀少的西部，还需要对乡村物流进行数字化升级。目前，一些大型物流企业启动了以“快递共配+农货上行”为主的乡村快递物流智慧共配项目（简称“共配项目”），通过整合县域多家快递企业，成立合资公司，共享人力资源，缩小快递员配送区域，提高配送密度。利用其研发的共同配送系统，实现乡村县级共配中心和乡镇共配站点包裹统一处理，提高包裹信息分流处理和系统实操效率，推动快递企业降本增效。共配项目帮助相应区域内的乡村快递成本降低 20%～30%，人员效率提高 30%。这种提效在西部偏远地区更为明显，如西藏阿里地区普兰县，接入共配项目后，从阿里中心城区狮泉河镇到普兰县，快递送货速度提高两倍，成本降低一半。陕西宜君县，物流成本降低近四分之三。西部物流的畅通，激发了西部乡村的消费力。

此外，产业转移带动快递业区域结构变迁，快递业的变化也影响着产业链的布局。随着一、二线城市土地、人工等成本的持续上升，快递运营成本逐渐升高，价格也相对较高。而三、四线甚至五、六线城市快递运营成本较低，价格也相对较低。快递价格较低的区域，首先吸引商家将发货地转移至此，随后逐步吸引物流仓储、办公服务、金融服务等相关要素、资源集聚，最后带动生产企业将制造基地转移至此。

在粤港澳大湾区，有一个叫麻涌的小镇，各大互联网商家将分拣中心落户于此，苏泊尔、九阳等500家下游商家纷纷进驻。麻涌成为珠三角电子商务聚集点，每天有上千万件包裹发出，以最快的速度满足消费者的需求。麻涌有什么秘诀？合适的地理位置，距离广州市区29千米，距离东莞市区22千米，流通快速便利；较低的运营成本与丰富的土地资源，让这里的快递服务“物美价廉”。

（3）得益于国内基础设施的改善

一是交通基础设施加速成网。我国基本形成以“十纵十横”综合运输大通道为主骨架、内畅外通的综合立体交通网络。我国高速铁路里程、高速公路里程、城市轨道交通运营里程、沿海港口万吨级及以上泊位数均稳居世界第一，铁路、高速公路对城区常住人口20万以上城市的覆盖率均超过95%，民航运输机场已覆盖92%以上的地级市。

二是综合交通枢纽布局逐步完善。“通道+枢纽+网络”的现代物流运行体系框架基本形成。北京、上海、广州、深圳等综合交通枢纽城市的国际竞争力、影响力全面提升。

三是重点区域交通运输协调发展水平不断提升。京津冀、长三角交通一体化取得明显进展，长江经济带综合立体交通走廊建设、粤港澳大湾区交通互联互通稳步推进，黄河流域、成渝地区双城经济圈综合立体交通布局不断完善，为优化区域经济布局、促进区域协调发展奠定了坚实基础。

15年前，从西藏各个县城到内地的邮包需要运输30天左右。4年前，包裹从日喀则到东部省会城市，可能要花2周到3周时间。现在有了航空直达的线路，多数地方的包裹可在3天左右送达；陆运也比以往快捷许多，从江浙沪到日喀则只需5天左右时间。

现在，中国已成为全球制造中心。工业生产要求物流服务稳定且准时。与此同时，快递配送业务的时间精度已从按天计算精确到按小时计算，正朝着按分钟计算迈进。这种前所未有的物流体系，必将助力中国制造进一步蓬勃发展。而正在覆盖全国的包邮，就是最具特色的时代标签之一。

（来源：《环球时报》，有改动）

项目二

物传千里，智慧包装保安全
——包装作业

知识概要

一、本项目思维导图

本项目主要介绍物流包装的概念、功能及类型，常见的包装材料及其特点，物流包装的一般技法及技术类型、包装标识等内容，如图 2-1 所示。

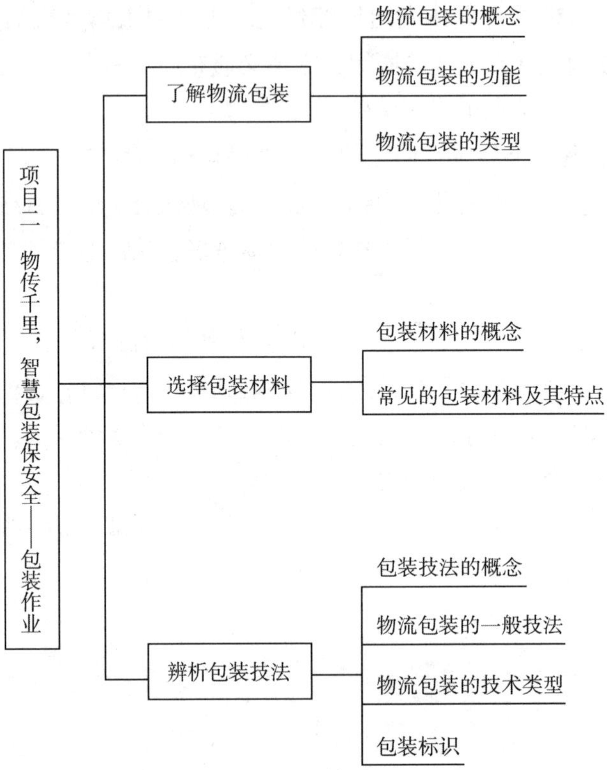

图 2-1　本项目思维导图

二、本项目重难点分析

本项目重难点包括物流包装的功能、物流包装的类型、包装材料的优缺点、物流包装的技术类型。

（一）物流包装的功能

在生产和流通过程中，包装既是生产过程的终点，又是物流过程的起点。物流包装主要起到保护商品、方便流通、促进销售、传递信息等作用。

（二）物流包装的类型（表 2-1）

表 2-1　物流包装的类型

序号	分类标准	类型
1	包装功能	运输包装、销售包装
2	包装层次	单个包装、内包装、外包装
3	包装容器	包装容器的类型：包装箱、包装袋、包装瓶、包装盒、包装罐、包装桶等 包装容器的硬度：软包装、硬包装、半硬包装 包装容器的使用次数：一次性包装、周转用包装 包装容器的结构形式：固定式包装、拆卸折叠式包装
4	包装大小	单件运输包装、集合运输包装

（三）包装材料的优缺点（表 2-2）

表 2-2　包装材料的优缺点

序号	包装材料	优点	缺点
1	纸质材料	耐摩擦、耐冲击、质地细腻、容易黏合、无味无毒，价格相对较低，使用最为普遍、用量最大	耐水性差、受潮后强度下降、气密性差、防潮性差、透明性差等
2	木质材料	具有抗压、抗震、抗挤、抗冲撞等特性，具有可再生性和可降解性，对环境影响较小，是大型和重型商品运输包装的重要材料	密封性差，容易受到潮湿、虫蛀等环境因素的影响，质量和体积相对较大，可能会增加运输成本
3	金属材料	坚固结实，密封性和阻隔性好，延展性强，易加工成型，便于进行表面装潢	成本较高，生产耗能大，化学稳定性差，有些材料（如钢材）容易生锈
4	玻璃材料	耐腐蚀性和耐热性较好，不易变形，价格低，可多次周转使用	耐冲击性差、易碎且运输成本高
5	塑料材料	气密性和稳定性好，防潮、耐酸、耐碱、耐腐蚀，透明度高，使用非常广泛	难以分解和处理，容易对环境造成污染，焚烧后会产生有害气体

续表

序号	包装材料	优点	缺点
6	复合材料	兼具不同材料的优良性能，使包装材料具有更加良好的机械性能、气密性及防水、防油、耐热或耐寒性	成本较高，物理和化学性能不稳定，可能对环境造成影响

（四）物流包装的技术类型

物流包装的技术类型主要有防震包装技术、防破损包装技术、防潮包装技术、防锈包装技术、防霉包装技术、防虫包装技术、危险品包装技术七种（表2-3）。

表2-3 物流包装的技术类型

序号	技术类型	主要含义
1	防震包装技术	又称缓冲包装技术，是为减轻内装物受到冲击和震动，使其免受损坏而采取一定防护措施的包装技术，主要包括全面防震包装技术、部分防震包装技术、悬浮式防震包装技术
2	防破损包装技术	主要通过捆扎及裹紧技术、集装技术、采用高强度保护材料，保护产品在物流运输过程中不受损坏
3	防潮包装技术	采用防潮材料对产品进行包装，以隔绝外部空气相对湿度变化对产品的影响，使包装内的相对湿度符合产品的要求，从而保证产品质量。主要有刚性容器密封包装、加干燥剂密封包装、多层密封包装、复合薄膜真空包装、复合薄膜充气包装和热收缩薄膜包装等
4	防锈包装技术	运输金属制品与零部件时，为了防止其生锈所采用的包装技术
5	防霉包装技术	在流通与储存过程中，为防止内装物受霉菌影响而采取一定防护措施的包装技术
6	防虫包装技术	在包装材料中掺入杀虫剂，或在包装容器中使用驱虫剂、杀虫剂或脱氧剂，以增强防虫效果的包装技术
7	危险品包装技术	根据产品不同的危险性质所采用的相应包装技术

三、本项目涉及的主要物流术语（表2-4）

表2-4 本项目涉及的主要物流术语

序号	物流术语	含义
1	包装	为在流通过程中保护产品、方便储运、促进销售，按一定技术方法而采用的容器、材料及辅助物等的总体名称
2	包装技法	包装作业时采用的技术和方法

同步训练

一、单项选择题

1. 在物流包装设计中，需要考虑的首要因素是（　　）。
   A. 标志性　B. 装卸性　C. 作业性　D. 保护性
2. 物流包装的作用不包括（　　）。
   A. 保护货物　B. 便于处理　C. 促进销售　D. 美观大方
3. 下列包装材料属于非绿色包装材料的是（　　）。
   A. 可食性包装材料　B. 可降解材料
   C. 重复再用材料　D. 一次性塑料
4. 在社会再生产过程中，包装处于（　　）。
   A. 生产过程的开头　B. 物流过程的开头
   C. 产品的始点　D. 物流的终点
5. 缓冲包装不适合用于（　　）。
   A. 鲜蛋包装　B. 陶瓷器包装
   C. 玻璃仪器包装　D. 工具包装
6. 瓦楞纸盒内衬一层细瓦楞，起衬垫作用，适合用于包装（　　）。
   A. 鲜蛋　B. 搪瓷烧锅　C. 玻璃器皿　D. 高档玩具
7. 下列不属于纸质包装材料特点的是（　　）。
   A. 抗压、抗震　B. 耐摩擦、耐冲击
   C. 价格相对较高　D. 不受温度影响
8. 塑料包装业最早涉及的领域是（　　）。
   A. 医用品包装　B. 化妆品包装
   C. 工业品包装　D. 食品包装
9. 大型和重型商品运输包装的重要材料是（　　）。
   A. 纸质材料　B. 木质材料　C. 金属材料　D. 玻璃材料
10. 特殊包装中的缓冲包装又称（　　）。
    A. 防震包装　B. 捆扎包装　C. 防潮包装　D. 防锈包装
11. 广泛应用于社会领域的各个方面的包装材料是（　　）。
    A. 金属　B. 木材　C. 纸张　D. 玻璃
12. （　　）一般用于存放酒、饮料、化学药剂等物品。
    A. 金属材料　B. 塑料瓶　C. 木质材料　D. 玻璃瓶

13. 缓冲包装材料不包括（　　）。

A. 泡沫塑料　B. 木丝　C. 弹簧　D. 牛皮纸

14. 家电产品、仪器、仪表等通常采用的包装技法是（　　）。

A. 全面缓冲包装技法　B. 部分缓冲包装技法

C. 悬浮式缓冲包装技法　D. 并列式缓冲包装技法

15. 为适应装卸和搬运作业机械化而产生的包装形式是（　　）。

A. 集装箱　B. 木箱

C. 托盘集合包装　D. 纸箱

16. 包装腊肉等易氧化变质的商品应该用的销售包装技法是（　　）。

A. 贴体包装技法　B. 脱氧包装技法

C. 保鲜包装技法　D. 真空包装技法

17. 玻璃材料的优点是（　　）。

A. 储存成本低　B. 加工过程对环境污染大

C. 原料丰富且可回收利用　D. 使用非常广泛

18. 金属制品在储运过程中要关注（　　）包装技术。

A. 防震　B. 防破损　C. 防锈　D. 防霉

19. 化肥、水泥、农药类产品在运输过程中要关注（　　）包装技术。

A. 防震　B. 防破损　C. 防潮　D. 防霉

20. 在运输包装上清楚而明确地印制相关标识，以引起人们的注意，防范危险发生，这类标识是（　　）。

A. 运输标识　B. 指示性标识　C. 警告性标识　D. 其他标识

二、多项选择题

1. 下列属于物流包装便利功能的有（　　）。

A. 方便生产　B. 方便回收　C. 方便储存　D. 方便使用

2. 木质材料的缺点有（　　）。

A. 易受潮　B. 易腐烂　C. 易受虫蛀　D. 不方便加工

3. 下列不属于常用包装材料的有（　　）。

A. 塑料周转箱　B. 复合材料　C. 可食性包装膜　D. 陶瓷

4. 物流包装有其固有特性，主要表现在（　　）方面。

A. 保护产品的特性　B. 单元化特性

C. 绿色包装特性　D. 标识特性

5. 常用的包装材料有（　　）。

A. 纸与纸板　B. 塑料　C. 金属　D. 玻璃

6. 物流包装技法中，特殊包装技法分为（　　）。

A. 缓冲包装　　B. 防潮包装　　C. 集合包装　　D. 防霉包装

三、判断题

1. 包装标识分为运输标识、指示性标识、警告性标识。（　　）

2. 在现代包装阶段，包装生产实现了机械化作业。（　　）

3. 美观大方是物流包装的作用。（　　）

4. 在物流包装中，泡沫塑料包装材料因其良好的缓冲性能，常用于电子产品、陶瓷制品等易碎物品的包装，泡沫塑料属于天然包装材料。（　　）

5. 纸与纸板是按定量或厚度来区分的。定量在 200 克/米^2 以下的统称纸。（　　）

6. 第二次世界大战之前，木箱是使用最多的物流包装容器，随着瓦楞纸箱和塑料包装的出现与发展，木箱在物流包装中的地位逐渐下降。（　　）

7. 在运输过程中，冲击、震动、气候条件等均会对包装件产生影响。（　　）

8. 纸质包装最重要，使用范围广，量又大，是食品、化妆品、化学用品、医用品的包装材料。（　　）

9. 玻璃材料主要用于油、酒、饮料、调味品等货物的包装。（　　）

10. 家电产品、仪器、仪表等适合采用全面防震包装技法。（　　）

11. 绿色包装环境负担小，循环利用率高。（　　）

12. 使用机械包装产品可提高生产效率，减轻劳动强度，适应大规模生产，满足清洁卫生需求。（　　）

13. 玻璃材料兼有不同材料的优良性能，使包装材料具有更加良好的机械性能、气密性及防水、防油、耐热或耐寒性，是现代包装材料的一个发展方向。（　　）

14. 在四大发明中，与包装有关的是造纸术和指南针。（　　）

15. 运输标识又称唛头，是贸易合同、发货单据中有关标志事项的基本部分。它一般由一个简单的几何图形及字母、数字等组成。（　　）

四、材料分析题

1. 韩国三星公司是一家以制造和销售电器、电子产品为主的国际著名企业，其产品遍及世界各地。三星公司注重企业活动对环境影响的管理，在实施绿色包装优化方面的主要措施如下：

第一，循环利用可发性聚苯乙烯塑料。EPS（可发性聚苯乙烯）塑料作为防震包装的填充材料，需求量很大，为了实现这种材料的重复利用，三星公司与学术机构共同研究“基于物理方法的聚苯乙烯泡沫塑料的回收重用”课题。该课题的研究目的是解决 EPS 作为减震材料的重复利用问题。他们应用一种未加热的压缩机械，使聚苯乙烯泡沫塑料的物理特性得到恢复，从而重新用作减震材料。

第二，降低包装材料使用量。通过计算机仿真技术，识别产品最脆弱的部分，从而实现防震包装结构的优化，降低包装中对聚苯乙烯泡沫塑料的使用量。例如，通过计算机仿真技术，AS-410 空调包装对聚苯乙烯材料的用量从每台 180 克降低到每台 148 克，用量减少了近 18%。

第三，使用环境友好型包装材料。三星公司目前正致力于研制新型环保包装材料，如三星 ML-6060 打印机的包装使用的是一种蜂窝状的纸质缓冲吸震材料，其质量比常规纸品降低 10%；M5317 电脑及 NL15MO LCD 显示器使用纸制的波纹状衬板作为吸震材料。

问题：

（1）三星公司对包装材料的优化体现在哪些方面？

（2）现代包装的发展趋势是什么？

2. 物流包装的首要任务是保护产品在运输过程中免受损坏。对于易碎品（如玻璃制品、陶瓷器皿等），应采用防震、防撞的专业包装材料和技术，如泡沫塑料、气泡膜、纸板等，以确保产品在装卸和运输时不会因外部冲击而受损。对于需要在特定温湿度条件下保存的产品，如药品、食品、电子元件等，服务商会配备冷藏箱或其他温控设备，以确保产品在整个运输过程中的品质稳定。合理的包装不仅能保护产品本身，还能优化装载空间，提高运输效率。例如，标准化尺寸的包装箱便于堆码和固定，可充分利用集装箱内的空间；而轻量化、高强度的包装材料有助于减轻整体质量，降低运输成本。合适的包装形状和尺寸能够提高仓库的空间利用率，方便货物的堆叠和存放。清晰的包装标识不仅有助于加快货物的装卸速度，减少误操作，还可以让仓库管理人员快速准确地识别货物的种类、批次、数量等信息，便于库存管理。符合法规和环保要求的包装材料和设计，能够增强企业的市场竞争力，提升企业的社会形象与客户满意度。

问题：

请根据相关商品（电子产品、食品、化妆品），分别说明应使用的包装材料、合理的包装方案和采取该方案的原因。

拓展阅读

循环快递包装，如何才能“跑满”全链条？

2024年“双11”购物节，消费者在电商平台激情下单，快递件量也迎来迅猛增长，随之而来的就是堆成山的快递包装。此前，出于低碳环保的考量，不少业内企业尝试对快递包装进行循环利用，那么现在效果如何呢？

“双11”期间，线上订单不断，线下快递包裹不绝，分拣传送带上的快递箱经过消费者的手，基本会变成垃圾。走进城市中的居民小区，大多能看到堆积如山的泡沫箱和纸板箱。小区保洁人员也称：“基本上从早到晚都在这里收箱子，比平时多大概二三十公斤。”

最常见的是瓦楞纸快递箱。没泡水、没受损的，其实还有使用价值。有些物流企业就尝试把它“剥皮瘦身”，重新利用。上海彭浦新村邮政支局的工作人员介绍：“回收的准备复用的瓦楞纸箱，采用的是5层瓦楞纸，现在我们邮政采用的新型纸箱都是3层瓦楞纸，这也是在包装上进行了减量。”5层改3层，关键一环是回收纸箱、清洁转化。在彭浦新村的这家邮政投递点，从2022年就开始试点免费提供3层纸箱。但2年过去了，试点还仅仅是试点，根本原因是原料旧纸箱需要市民自觉送来，主动送来的却并不多。

仅依靠市民的自觉性来实现纸箱循环利用的闭环是不可行的，因此一些企业开始探索快递箱的新材质，比如可循环复用约50次的聚丙烯塑料箱。位于上海奉贤区的一家环保科技企业，将达到使用限度的箱子粉碎成原材料后用于生产新箱子。“粉碎后的材料可以立刻投入下一批生产，对于一个箱子的循环次数，我们控制在50次，一批料重复使用超过10次后，就要考虑做降级生产，最早可以做成优质中空板的轻型箱，到最后做成托盘，甚至还能做成一些工业制品，比如学校草坪。”这家环保科技企业的市场部负责人王凯介绍道。

快递箱体还植入了电子标签，其运送路径和使用次数都清晰可查。但这样一个标准尺寸的聚丙烯快递箱，生产成本为20元，是传统瓦楞纸箱的3倍，再加上回收、运维成本，代价不菲。因此，目前企业仅将箱子投放在品牌商家的仓库，不敢广泛使用。王凯坦言：“循环包裹进入千家万户后，消费者如何归还，还需要相应的引导。”

数据显示，2024年前三季度，我国快递业务量达到1 247.7亿件，较2023年同期增长22%。根据国家规划，到2025年年底，同城快递使用可循环快递包装的比例要达到10%。这个10%如何实现呢？2024年4月，有快递企业首次尝试将可复用约30次的发泡聚丙烯冷运循环包装应用于生鲜派送。消费者取出货后，由快递员将箱子带回网点，再运回冷运仓，等待下一次投用。也有消费者觉得现在的模式非常好：

“以前拆包完要么扔掉，要么折叠起来，或者叫保洁阿姨来打扫，比较麻烦。”循环利用是一项全链条的工作，需要前端到终端各个节点共同发力，也需要政府做好引导。

复旦大学环境科学与工程系博士后陈斌指出：“设置快递包材回收箱，并给予投入者相应的现金反馈，对于居民端就是一个很好的激励，政府要建立相关管理体系，来规定在生产和销售这些包材的时候，最终要达到回收的目标，也要去鼓励，甚至是投入一定的资金来支持后端的这些小型回收企业，从而实现整体盈利，这样整个回收链条就能循环起来。”

2024 年 6 月 1 日，国家标准《快递循环包装箱》（GB/T 43283-2023）正式实施，对快递循环包装箱提出了标准化、减量化、循环化、无害化的要求。在减碳和绿色可持续发展的大背景下，可循环快递包装的确是新的发展方向，人们期望通过多次循环使用来减少资源消耗和碳排放，而进一步推进可循环快递箱的大规模使用，既需要企业的不断创新，也需要政府的支持和引导，更需要消费者理念的转变，这还有一段路要走。

（来源：网易，有改动）

现代新型物流包装材料

（一）聚乳酸

聚乳酸（PLA）是以有机酸乳酸为原料生产的新型聚酯材料，其性能优于现有的聚乙烯、聚丙烯、聚苯乙烯等材料，被产业界定为 21 世纪最具发展潜力的新型包装材料之一，是环保包装材料领域的一颗新星。在未来，它有望代替聚乙烯、聚丙烯、聚苯乙烯等材料用于塑料制品，应用前景十分广阔。

聚乳酸的优点主要有以下几方面。

第一，生物可降解性良好。聚乳酸能被自然界中的微生物完全降解，最终生成二氧化碳和水，不会对环境造成污染，对保护环境非常有利。

第二，机械性能及物理性能良好。聚乳酸适用于吹塑、热塑等各种加工方法，加工方便，应用十分广泛，可用于加工从工业到民生领域的各种塑料制品、食品包装、快餐饭盒、无纺布、工业及民用布，还可进一步加工成农用织物、保健织物、抹布、卫生用品、室外防紫外线织物、帐篷布、地垫面等，市场前景十分可观。

第三，相容性良好。聚乳酸在医药领域的应用也非常广泛，如可用于生产一次性输液用具、免拆型手术缝合线等，低分子聚乳酸还可以作为药物缓释包装剂。

（二）树脂基复合材料

以树脂为基体加入各种纤维、薄膜等进行复合的高分子复合材料种类繁多。例如，加入导电纤维复合成导电功能材料、吸波功能材料，加入陶瓷、玻璃纤维和碳纤维复合成增强材料，其应用领域十分广泛。在包装领域，已获得广泛应用的主要包括有机层复合、共挤复合、混合复合等类型的复合材料。

树脂基复合材料的发展趋势：一是改进复合工艺，以提高复合材料的性能；二是选择合适的材料和最佳工艺，以降低复合材料的成本；三是研制开发新品种，如正在研制的结构化材料、功能化材料、分子复合材料、生态复合材料等。

（三）金属基复合材料

金属基复合材料具有比较高的强度、模量，高温性能良好，导电、导热性能优异，特别适用于航空与其他工业部门。金属基复合技术发展迅速，方法多样。可用于复合的金属主要有 Ti、Ni、Cu、Pb、Ag，特别是 Al、Mg、Ti 等轻金属。

（四）生物高分子材料

生物高分子材料已进入产品化实验阶段，如人造血管、人造心脏、人造瓣膜、人工肺、人工腮、人造骨骼等。生物高分子材料在包装领域的应用日益广泛，如微生物（细菌）塑料、生物降解塑料、生光双解型塑料都是当今包装世界的热门材料。

（五）有机硅及氟系材料

近年来，基于分子设计与结构调控技术，相关研究人员探讨了脱氟缩合、氢化硅烷甲基化合等合成反应，旨在开发分子多元化功能材料，研制多功能有机硅及氟系复合材料。这类材料不仅具备高耐候性、化学稳定性和可调控的力学性能，还因其优异的透光性、阻隔性及轻量化特性，逐渐成为高端包装材料的研发焦点。

（六）金属箔材及异型材料

由于薄化技术的发展，金属箔材的种类大幅增加，主要品种有金箔、铜箔、铝箔、铍箔、钽箔、银箔、锌箔、铁箔，以及镍-铬等各种合金箔材。金属箔材的发展方向有三个：一是超薄化，二是智能化，三是复合化。

（七）纳米包装材料

纳米包装材料是近年来的热门研究方向，属于新兴的包装材料，主要包括纳米复合包装材料、聚合物基纳米复合包装材料、纳米型抗菌包装材料。目前，研究最多的纳米复合包装材料是聚合物基纳米复合材料，它在可塑性、耐磨性、硬强度等性能上都有显著的提高；在聚合物基纳米复合包装材料中，聚合物层状无机纳米复合包装材料，由于扦层技术的突破而得到了迅速发展，部分研究成果已经开始进入产业化阶段或因有极大的产业化应用前景而备受关注；对于纳米型抗菌包装材料，它具有长效抗菌性能、广谱抗菌活性、优异杀抑率等显著特点。

（来源：百家号“包装探路者”，有改动）

项目三

责任至上，智慧赋能新动力
——装卸搬运

知识概要

一、本项目思维导图

本项目主要介绍装卸搬运的概念、特点及分类，常见的装卸搬运设备，装卸搬运作业方法、装卸搬运的原则及装卸搬运合理化的基本措施等内容，如图 3-1 所示。

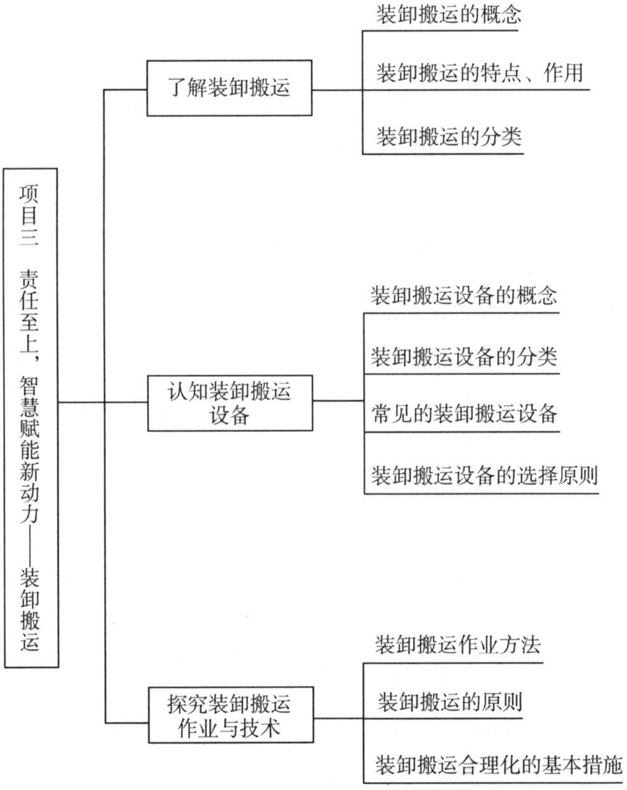

图 3-1　本项目思维导图

二、本项目重难点分析

本项目重难点包括装卸搬运的特点、作用、分类、装卸搬运设备的选择原则、装卸搬运作业方法的影响因素、装卸搬运的原则、装卸搬运合理化的基本措施。

（一）装卸搬运的特点

装卸搬运是附属性、辅助性的活动；装卸搬运是支持性、保障性的活动；装卸搬运是衔接性的活动；装卸搬运是增加物流成本的活动。

（二）装卸搬运的作用

从实际操作和效益提升的逻辑角度来看，装卸搬运的作用主要体现在以下几方面。

（1）衔接物流流程：通过装卸搬运实现运输、仓储、包装等环节的有效衔接，保障物流系统的连贯性。

（2）提高作业效率：机械化装卸搬运可缩短作业时间，加快货物周转，降低人力成本。

（3）保障货物安全：规范化的装卸操作可降低货物破损率，确保货物在搬运过程中的完整性。

（4）优化资源配置：合理设计装卸流程可降低设备空置率和单位货物的搬运成本。

（5）支持生产活动：在生产过程中，装卸搬运为原材料、半成品和成品的流转提供支持，是生产系统的重要组成部分。

（三）装卸搬运的分类（表 3-1）

表 3-1　装卸搬运的分类

序号	分类标准	类型
1	作业对象	单件货物装卸搬运、散装货物装卸搬运、集装货物装卸搬运
2	设施设备对象	仓库装卸搬运、汽车装卸搬运、铁路装卸搬运、飞机装卸搬运、港口装卸搬运
3	机械作业方式	吊上吊下方式、叉上叉下方式、滚上滚下方式、移上移下方式、散装散卸方式
4	作业方向	水平方向作业的装卸搬运、垂直方向作业的装卸搬运、混合方向作业的装卸搬运
5	作业特点	连续性装卸搬运、间歇性装卸搬运

（四）装卸搬运设备的选择原则

（1）根据作业性质和作业场合进行选择。

（2）根据作业运动形式进行选择。

（3）根据作业量进行选择。

（4）根据货物种类、性质进行选择。

（5）根据搬运距离进行选择。

（6）根据设备的配套进行选择。

（五）装卸搬运作业方法的影响因素

（1）影响装卸搬运方法的外部条件包括货物特征，作业内容，运输设备，运输、仓储设施。

（2）影响装卸搬运方法的内部条件包括货物状态、装卸搬运动作、装卸搬运机械、作业组织。

（3）影响装卸搬运方法的一般条件包括装卸的对象是零担货物、整车货物还是集装箱货物等。

（六）装卸搬运的原则

由于在物流运作过程中，装卸搬运仅作为衔接运输、包装、储存、配送、流通加工等环节的活动，其本身并不产生价值，因此应尽量减少装卸搬运的次数来提高物流运作效率。在具体操作中，可遵循以下原则：安全文明原则，省力节能原则，次数最少化原则，连续性、程序化原则，机械化原则，系统化原则。

（七）装卸搬运合理化的基本措施

装卸搬运合理化是指以尽可能少的人力和物力消耗，高质量、高效率地完成装卸搬运任务。使装卸搬运合理化的基本措施包括防止和消除无效作业；提高装卸搬运的灵活性；实现装卸搬运作业的省力化；提高装卸搬运作业的机械化水平；推广组合化装卸搬运；合理规划装卸搬运作业过程。

三、本项目涉及的主要物流术语（表 3-2）

表 3-2　本项目涉及的主要物流术语

序号	物流术语	含义
1	装卸	在运输工具间或运输工具与存放场地（仓库）间，以人力或机械方式对物品进行载上载入或卸下卸出的作业过程
2	搬运	在同一场所内，以人力或机械方式对物品进行空间移动的作业过程

同步训练

一、单项选择题

1. 运输与搬运的主要区别是（　　）。

A. 是否有装卸　　　　B. 是否有装运卸过程

C. 对运输距离长短的判断　　D. 对装运量多少的判断

2. 下列装卸搬运活动“活性指数”最高的是（　　）。

A. 就地堆放　　B. 置于集装容器中

C. 处于移动状态　　D. 置于托盘上

3. 码头装卸作业费的英文缩写是（　　）。

A. ORC　　B. DDC　　C. THC　　D. CAF

4. 下列装卸搬运作业方法，不属于集装作业法的是（　　）。

A. 托盘作业法　　B. 集装箱作业法

C. 框架作业法　　D. 重力法

5. （　　）是车站、码头、仓库和货场广泛用来承担装卸、搬运、堆码作业的一种搬运车辆。

A. 叉车　　B. 起重机　　C. 输送机　　D. 卷扬机

6. 装卸搬运设备的运用组织是以（　　）为中心的管理。

A. 保证货物完好率　　B. 完善作业路线

C. 充分利用作业空间　　D. 提高设备效率

7. 按照装卸搬运的作业特点分类，装卸搬运可分为连续性装卸搬运和（　　）。

A. 垂直装卸搬运　　B. 水平装卸搬运

C. 间歇性装卸搬运　　D. 散装货物装卸搬运

8. 对散装货物、流体货物、钢材等特殊货物进行大量的连续装卸时，采用（　　）进行作业。

A. 通用桥式起重机　　B. 专用装卸搬运机械

C. 连续输送机　　D. 通用起重机械

9. 下列属于装卸搬运合理化的是（　　）。

A. 装卸搬运次数最多　　B. 装卸搬运衔接流畅

C. 人力作业　　D. 装卸搬运移动距离最长

10. 下列不属于装卸搬运原则的是（　　）。

A. 装卸的连续性　　B. 减轻人力装卸

C. 把商品整理为一定单位　　D. 尽量进行装卸

11. 要根据运输和储存的具体条件与作业需要，在正确估计和评价（　　）的基础上，合理选择装卸搬运机械。

A. 物料的特点　　B. 装卸搬运的使用效益

C. 装卸搬运的机械类型　　D. 装卸搬运机械的生产厂家

12. 下列不是装卸搬运特点的是（　　）。

A. 是附属性、伴生性的活动

B. 是衔接性的活动

C. 是提高物流效率、增加商品成本的活动

D. 是支持性、保障性的活动

13. 直膝弯腰搬提重物可能会造成损伤的部位是（　　）。

A. 膝盖　　B. 肩膀

C. 腰部肌肉、韧带　　D. 腿部

14. 将商品置于集装单元器具内，其装卸活性有所提高，被定为（　　）。

A. 1级活性　　B. 2级活性　　C. 3级活性　　D. 4级活性

15. 国外在设计包装尺寸和重量时，大多以中年妇女的搬运能力为标准，这体现了（　　）原则。

A. 省力化　　B. 人性化　　C. 重力化　　D. 轻薄化

16. 与其他环节相比，（　　）具有伴随性的特点。

A. 运输　　B. 储存　　C. 配送　　D. 装卸搬运

17. 按照装卸搬运的作业方向分类，装卸搬运可分为垂直方向作业的装卸搬运和（　　）。

A. 水平方向作业的装卸搬运　　B. 连续性装卸搬运

C. 移上移下方式　　D. 吊上吊下方式

18. 叉车按动力可分为内燃式叉车和（　　）。

A. 平衡式叉车　　B. 电动叉车

C. 插腿式叉车　　D. 前移式叉车

19. 装卸搬运中需要遵循的一个原则是使货物处于搬运活性（　　）的状态。

A. 低　　B. 运动　　C. 静止　　D. 高

20. 利用叉车或半挂车等承载货物，连同车辆一起开上船，到达目的地后再从船上开下的装卸搬运方式，是（　　）。

A. 叉上叉下方式　　B. 吊上吊下方式

C. 滚上滚下方式　　D. 移上移下方式

二、多项选择题

1. 网袋作业法适用于（　　）的装卸作业。

A. 粉粒状货物　　B. 袋装货物　　C. 块状货物　　D. 粗杂物品

2. 在选用叉车时，应根据（　　）和使用场地的条件进行合理选择，同时应考虑选用适当的托盘配合使用。

A. 物料的质量　　B. 物料的名称

C. 物料的外形尺寸　　D. 物料的状态

3. 装卸搬运是以改变物料的（　　）为主要内容和目的的活动。

A. 空间位置　　B. 物质形态　　C. 包装质量　　D. 存放状态

4. 在装卸搬运设备的选择原则中，为了提高设备的利用率，应当结合设备种类和特点，使（　　）等工作密切配合。

A. 行车　　B. 货运　　C. 装卸　　D. 搬运

5. 装卸搬运按作业对象可分为（　　）。

A. 散装货物装卸搬运　　B. 单件货物装卸搬运

C. 集装货物装卸搬运　　D. 连续性装卸搬运

6. 提高设备完好率的主要途径有（　　）。

A. 适当地超负荷运转，提高装卸作业量

B. 精心维护保养，保证设备经常处于良好的工作状态

C. 建立健全预防维护制度，严禁“带病”运转

D. 安全操作，严肃操作纪律

三、判断题

1. 搬运是指在同一地域（地点）范围内（如工厂、车站、机场、码头、货场、仓库内部等)，以改变物资的存放地点为目的的活动，是以垂直位移为主的实物运动形式。（　　）

2. 过多的不必要装卸无疑会大大增加装卸成本，延长物流时间。（　　）

3. 货物置于箱内，下面放着枕木或衬垫，或放在托盘上，其搬运活性指数为 2 级。（　　）

4. 装卸搬运活性指数共分为 1 级、2 级、3 级、4 级、5 级五个等级。（　　）

5. 使用链带式运输机械对货物连续实施装卸搬运，称为流水连续作业法。（　　）

6. 对物资先进行集中装入，如采用集装箱、托盘等，再进行装卸搬运，称为集成作业法。（　　）

7. 搬运煤炭中的矸石属于无效装卸。（　　）

8. 装卸本身可以提升产品价值。（　　）

9. 装车时为了有效利用空间，要尽量将货物堆叠。（　　）

10. 装卸搬运是每一项物流活动开始及结束时必然发生的活动，常被人们忽视，因此它应该被认为是被动的。（　　）

11. 装卸搬运合理化的最终目标是节省装卸搬运费用。（　　）

12. 搬运活性指数越高，表明搬运的方便程度越高，越不利于搬运。（　　）

13. 装卸搬运的物料中含有的水分、杂质毕竟占少数，因此不会造成无效作业。（　　）

14. 物料是装卸搬运的对象，也是影响装卸搬运设备和方法选择的间接因素。（　　）

15. 放在托盘上的货物比放在箱子里的货物的装卸搬运活性指数高。（　　）

四、材料分析题

1. 联华超市股份有限公司（以下简称“联华公司”）创建于1991年5月，是上海首家发展连锁经营的商业公司。联华便利物流中心总面积8 000平方米，由4层楼的复式结构组成。为了实现货物的装卸搬运，配置的主要装卸搬运机械设备有：电动叉车8辆、手动托盘搬运车20辆、垂直升降机2台、笼车1 000辆、辊道输送机5台、数字拣选设备2 400套。在装卸搬运时，操作过程如下：将货物卸下后，把其装在托盘上，由手动叉车将货物搬运至入库运载处，入库运载装置开始上升，将货物送上入库输送带。当接到向第一层搬送指示的托盘经过升降机平台时，不再需要上下搬运，而是将直接从当前位置经过一层的入库输送带自动分配到一层入库区等待入库；接到向二层至四层搬送指示的托盘，将由托盘垂直升降机自动传输到指定楼层。升降机到达指定楼层后，由各层的入库输送带自动搬送货物至入库区。货物从平台卸下时，由叉车从输送带上取下托盘入库。出库时，根据订单进行拣选配货，拣选后的出库货物用笼车装载，由各层平台通过笼车垂直输送机送至一层的出货区，装入相应的运输车。

先进实用的装卸搬运系统，为联华公司的发展提供了有力的支持，使联华公司的物流运作能力和效率大幅提高。

问题：

（1）联华便利物流中心的装卸搬运系统设计对各平台间的搬送自动化做了哪方面的考虑？

（2）你认为联华便利物流中心的装卸搬运系统有改进的余地吗？假如有，如何改进？

2. M 公司是一家以市场为核心、现代医药科技为先导、金融支持为框架的新型公司，是西南地区经营药品品种较多、较全的医药专业公司。

虽然 M 公司已形成规模化的产品生产和网络化的市场销售，但其流通过程中的物流管理严重滞后，造成物流成本居高不下，难以形成价格优势。这严重阻碍了物流服务的开拓与发展，成为公司业务发展的瓶颈。

装卸搬运活动是衔接物流各环节的关键，而 M 公司恰好忽视了这一点，由于装卸搬运设备的现代化程度低，只有几个小型货架和手推车，大多数作业仍处于以人工作业为主的原始状态，工作效率低，且易损坏物品。另外，仓库设计得不合理，造成长距离搬运。而且，库内作业流程混乱，形成重复搬运，大约有 70%的无效搬运，过多的搬运次数，不仅容易损坏商品，还造成时间浪费。

问题：

（1）请分析装卸搬运环节对公司发展的作用。

（2）结合医药公司的特点，请对 M 公司的搬运系统改造提出建议。

拓展阅读

国家发展和改革委员会优化调整国家物流枢纽规划布局

据国家发展和改革委员会（以下简称“国家发改委”）网站消息，为贯彻落实党中央、国务院有关决策部署，更好支撑有效降低全社会物流成本，近日，国家发改委印发《国家物流枢纽布局优化调整方案》，按照“结合实际、动态调整、有进有退”的原则，新增廊坊商贸服务型、常州生产服务型等 26 个国家物流枢纽，对部分国家物流枢纽规划布局进行优化调整，并对高质量推进国家物流枢纽网络建设提出 4 个方面的要求，包括系统推进国家物流枢纽建设和功能提升、完善国家物流枢纽集疏运体系、健全国家物流枢纽间的合作机制、探索“产业集群+物流枢纽”协同发展模式等。

国家物流枢纽是重要的物流资源配置中心和物流活动组织中心，是有效降低全社会物流成本的重要抓手，在集聚整合各类物流资源、推动区域经济发展等方面发挥着重要作用。新增的 26 个国家物流枢纽均位于“四横五纵、两沿十廊”物流大通道、“十纵十横”综合运输大通道等重要通道，其中近 60%位于中西部地区，将有效增强对国家重大战略实施的支撑保障能力；与区域产业发展、消费密切相关的生产服务型、商贸服务型枢纽占比超过 40%，将有效支持相关城市探索“产业集群+物流枢纽”协同发展模式，培育经济发展新动能。

此次国家物流枢纽布局优化调整后，共有 152 个国家物流枢纽承载城市，布局建设 229 个国家物流枢纽（其中，国家发改委已牵头将 6 批 151 个国家物流枢纽纳入重点建设名单），将进一步提高国家物流枢纽网络均衡发展水平，完善“通道+枢纽+网络”的现代物流运行体系；更好衔接国家物流大通道、综合运输大通道，以及重要铁路物流基地、内河港口等重要物流节点，提高整体物流运行效率和服务质量；实现对国内生产总值 4 000 亿元以上城市的基本覆盖或有效辐射，进一步强化对区域经济产业转型升级发展的支撑保障作用。

下一步，国家发改委将指导各地高质量推进国家物流枢纽建设，并协调有关部门在自然要素保障、投融资等方面加大支持力度，提升枢纽的综合服务能力和运行效率，为有效降低全社会物流成本、构建新发展格局提供更加有力的支撑。

（来源：中国新闻网，有改动）

中国连续 8 年保持货物贸易第一大国地位

2024 年，我国外贸首次突破 43 万亿元大关，同比增长 5%，连续 8 年保持货物贸易第一大国地位。

2024 年，面对外部不确定、不稳定因素增多，海关优服务、促便利，推动我国外贸实现质升量稳：全年出台并实施进一步优化口岸营商环境、促进企业通关便利 16 条措施；落实关税减让和各类税收优惠措施，共减免退税款 2 829 亿元；在 20 个城市开展促进跨境贸易便利化专项行动，29 项改革创新措施目前已在全国复制推广；准许 62 个国家和地区 111 种次农食产品进入中国市场；推动新开、扩大开放口岸 14 个；新设保税物流中心 7 个。

当前，我国外贸发展面临的最大挑战是外部环境的冲击。2025 年，全国海关要把促进高质量发展、高水平开放作为重中之重，及时出台精准性强、含金量高的支持措施，帮助企业稳订单、拓市场，强化监管、优化服务，做到既“放得活”，又“管得住”。

具体来看，在促进外贸稳量提质方面，重点工作包括：推进存量增量政策叠加发力，加大海关 16 条支持措施实施力度和效果评估，拉长“经认证的经营者”（AEO）企业享惠措施清单，出台实施海关促外贸稳增长特别措施；开展 2025 年促进跨境贸易便利化专项行动，推进国际贸易“单一窗口”服务模式创新，实施进一步促进航空口岸通关便利化若干措施，支持公铁联运等物流项目建设；深化加工贸易改革，推进保税维修、保税再制造发展，推动农食产品进口多元化，促进农食产品扩大出口；等等。

在服务高水平对外开放方面，全国海关将围绕扩大制度型开放，深化海关监管制度创新，包括：服务高质量共建“一带一路”；做好海南自由贸易港封关运作各项工作；落实自由贸易试验区提升战略，研究实施新一轮海关支持横琴粤澳深度合作区发展措施，加快综合保税区转型升级，推进保税物流中心审批机制改革；开展口岸综合绩效评估试点，指导地方加快推进边境口岸项目建设，推动东北地区和新疆、西藏等重点边境口岸扩能提质；等等。

（来源：新华网，有改动）

项目四

担当重任，智慧守库铸新篇——仓储作业

知识概要

一、本项目思维导图

本项目主要介绍仓储的含义与功能，仓储设备，仓储的入库作业、在库作业、出库作业等内容，如图 4-1 所示。

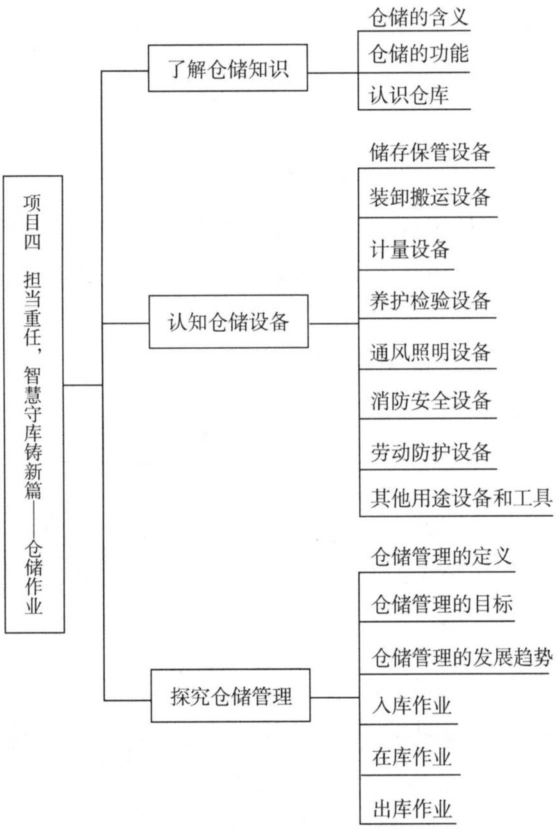

图 4-1　本项目思维导图

二、本项目重难点分析

本项目重难点包括仓储的功能、仓库的分类、仓储管理的目标、仓储设备的识别、出入库作业流程、在库作业。

（一）仓储的功能（表 4-1）

表 4-1　仓储的功能

序号	分类标准	功能
1	基本功能	储存功能、保管功能、分拣与分类功能、集货与配送功能
2	增值功能	流通加工功能、物流金融功能、信息服务功能
3	社会功能	流通调控功能、风险防范功能、保障社会再生产功能

（二）仓库的分类（表 4-2）

表 4-2　仓库的分类

序号	分类标准	类型
1	运营形态	自营仓库、营业仓库、公用仓库、保税仓库、出口监管仓库
2	保管条件	普通仓库，保温、冷藏、恒温恒湿仓库，危险品仓库，气调仓库
3	建筑结构	平房仓库、楼房仓库、立体仓库、罐式仓库、露天堆场
4	功能	集货中心、分货中心、转运中心、加工中心、配送中心、物流中心

（三）仓储管理的目标

仓储管理旨在提高仓库运营效率、降低成本、保障货物安全、提升客户满意度，并推动企业的整体发展，具体目标包括：有效利用空间，提高仓库利用率；提高仓库操作效率；降低储存和物流成本；确保货物安全和货物品质；优化库存管理；提升客户满意度；推动企业发展。

（四）仓储设备的识别（表 4-3）

表 4-3　仓储设备的识别

序号	设备类别	具体设备
1	储存保管设备	苫垫用品、存货用具、货橱及其他存货用具
2	装卸搬运设备	装卸堆垛设备、搬运传送设备、成组搬运设备
3	计量设备	电子秤、地磅、轨道秤、皮带秤、流量仪及其他计量设备
4	养护检验设备	温度控制设备、湿度调节设备、质量检测仪器及其他养护检验设备
5	通风照明设备	通风设备、照明设备
6	消防安全设备	报警器、手动抽水器、水枪、消防水源、消防沙箱、消防云梯等
7	劳动防护设备	安全帽、防护服、防护鞋、防尘口罩、防毒面具等
8	其他用途的设备	包装设备、分拣设备、提升机等

（五）出入库作业流程（图 4-2、图 4-3）

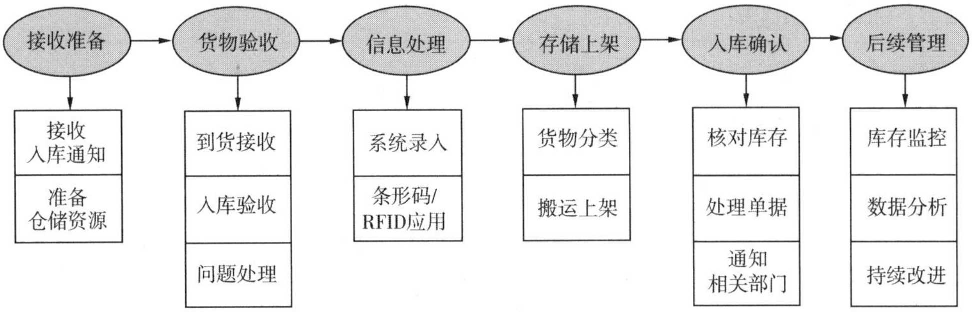

图 4-2　入库作业流程

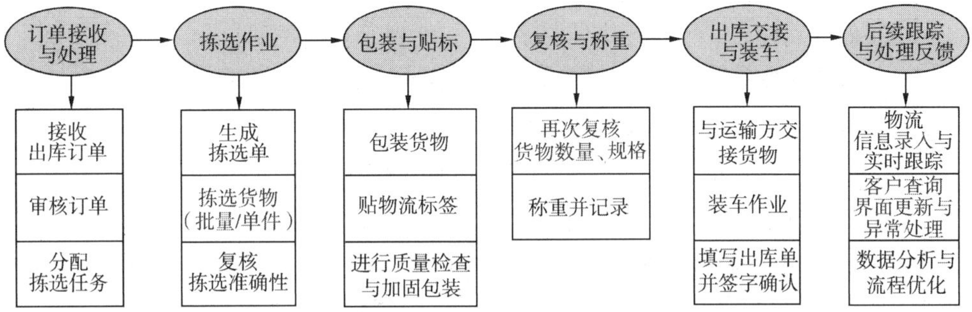

图 4-3　出库作业流程

（六）在库作业

在库作业是在仓库中对存储期间的货物进行的所有管理活动，目的是确保货物的安全存储、高效管理和准确出库。在库作业是仓储管理的关键环节，具体包括：货物保管与养护、货物整理与布局优化、盘点作业与库存控制、移库与出库准备、在库安全管理。

三、本项目涉及的主要物流术语（表 4-4）

表 4-4　本项目涉及的主要物流术语

序号	物流术语	含义
1	仓储	利用仓库及相关设施设备对物品进行从入库到出库的管理活动
2	仓库	用于储存、保管物品的建筑物和场所的总称
3	物流仓储设备	用于储存、搬运、输送、拣选、分拣、堆码、复核、包装、装卸等物流仓储环节的设备、器材及其控制管理软件组成的设备集群
4	仓储管理	对仓储及相关作业进行的计划、组织、协调与控制

同步训练

一、单项选择题

1. 仓储在物流系统中的主要作用是（　　）。
A. 生产制造　B. 储存与保管　C. 市场营销　D. 客户服务
2. 宋代负责管理对外贸易中货物存储的机构是（　　）。
A. 市舶司　B. 常平仓　C. 粮仓　D. 驿站
3. 下列不属于仓储的基本功能的是（　　）。
A. 储存功能　B. 保管功能
C. 运输功能　D. 分拣与分类功能
4. 仓储通过（　　）平衡生产和消费之间的时间差。
A. 加快生产速度　B. 储存货物
C. 降低价格　D. 提高配送效率
5. （　　）由企业或各类组织自主经营和自行管理，主要服务于自身的内部物流需求。
A. 自营仓库　B. 营业仓库　C. 公用仓库　D. 保税仓库
6. 下列仓库，通过控制仓库内气体成分来延长货物保质期的是（　　）。
A. 恒温恒湿仓库　B. 冷藏仓库
C. 气调仓库　D. 危险品仓库
7. （　　）在供应链中主要起到将货物从一种运输模式转移到另一种运输模式的作用。
A. 集货中心　B. 分货中心　C. 转运中心　D. 加工中心
8. 下列货架，更适用于储存较轻的货物的是（　　）。
A. 重型货架　B. 轻型货架
C. 阁楼式货架　D. 封闭式货架
9. 苫垫用品的主要作用是（　　）。
A. 搬运货物　B. 防潮通风　C. 加工包装　D. 分拣拣选
10. 下列属于装卸堆垛设备的是（　　）。
A. 电动叉车　B. 传送带
C. 托盘　D. 管道输送设备
11. 下列技术或设备的应用最能体现仓储管理的智能化趋势的是（　　）。
A. 传统手推车　B. 碰撞回收机器人
C. 普通灯泡照明　D. 纸质记录单

12. 在仓储管理中，(　　) 原则有助于避免货物积压和过期现象的发生。

A. 先进先出　B. 后进先出　C. 随意存取　D. 批量存储

13. 自动化存储系统通过 (　　) 实现货物的高效存取和分拣。

A. 人工操作　B. 使用自动化设备和技术

C. 简化流程　D. 减少存储空间

14. 在盘点作业中，在 (　　) 阶段对比账面数据与实盘数据，分析差异原因，并调整库存记录。

A. 准备　B. 实施　C. 总结　D. 审核

15. 下列不属于无效库存与呆滞库存处理方法的是 (　　)。

A. 降价促销　B. 退货给供应商

C. 捐赠或报废　D. 增加库存量

16. 下列属于仓储的核心功能的是 (　　)。

A. 调节市场商品价格　B. 储存和保管货物

C. 货物的包装与分拣　D. 制订物流运输计划

17. 仓储的增值功能不包括 (　　)。

A. 流通加工功能　B. 物流金融功能

C. 质量控制功能　D. 信息服务功能

18. 仓储的社会功能不包括 (　　)。

A. 流通调控功能　B. 风险防范功能

C. 环境保护功能　D. 保障社会再生产功能

19. 下列因素不会影响仓库的设计和布局的是 (　　)。

A. 物品储存需求　B. 仓库面积

C. 仓库的地理位置　D. 仓库中的娱乐设施

20. 仓库在现代物流中可能承担的功能不包括 (　　)。

A. 储存与保管物品

B. 进行物品的分类、包装和分拣

C. 提供公共服务

D. 实时追踪物品状态，为决策提供支持

二、多项选择题

1. 储存保管设备的主要作用有 (　　)。

A. 保证仓储商品质量　B. 提高物流效率

C. 减少存取时间　D. 增加仓库成本

2. 下列属于按存取方式分类的货架类别有 (　　)。

A. 开放式货架　B. 人工存取式货架

C. 阁楼式货架　　　　D. 自动化存取式货架

3. 货橱通常用于存放（　　）。

A. 精密仪器　　　　B. 建筑材料

C. 高价值艺术品　　　　D. 新鲜水果

4. 存货用具包括（　　）。

A. 货架　　B. 货橱　　C. 托盘　　D. 叉车

5. 装卸搬运设备在仓储活动中起到的作用有（　　）。

A. 改进仓储管理　　　　B. 降低劳动强度

C. 提高收发货效率　　　　D. 监控库存状态

6. 仓储管理的目标包括（　　）。

A. 提高仓库利用率　　　　B. 降低储存和物流成本

C. 确保货物安全和货物品质　　　　D. 推动企业发展

三、判断题

1. 仓储仅仅具有储存货物的功能，没有其他功能。（　　）

2. 仓储的保管功能主要是防止货物在储存期间受到自然或人为因素的损害。（　　）

3. 仓储的分拣与分类功能是指将货物按照订单要求进行打包，然后配送给客户。（　　）

4. 仓储的流通加工功能包括包装、贴标、组装等，旨在提高货物的附加值。（　　）

5. 仓储的社会功能之一是通过合理调配物资，解决生产和消费之间的矛盾。（　　）

6. 营业仓库（公共仓库）与公用仓库的主要区别在于两者运营目的和性质不同，前者以营利为目的，而后者更多关注社会公共利益，不追求经济效益。（　　）

7. 立体仓库主要利用多层货架和相应的自动化物料搬运设备来实现货物的储存和搬运，提高了仓库的空间利用率和作业效率。（　　）

8. 配送中心在供应链中主要负责将商品从生产或仓储中心直接配送到消费者手中，提高物流效率和客户响应速度。（　　）

9. 物流仓储管理涵盖了从物品入库到出库的全链条管理。（　　）

10. 相较于货架，货橱的封闭性更好，因此更适合存放贵重或需要特别养护的商品。（　　）

11. 阁楼式货架的主要特点是能够充分利用空间，提高仓库的存储效率。（　　）

12. 搬运传送设备主要包括电动或内燃搬运车、拖车、手推车、传送带、输送机、升降机、电梯及管道输送设备等。（　　）

13. 仓储管理需要综合考虑人力、设备、场地等各方面的成本，以降低存储和物流成本。（　　）

14. 在货物养护过程中，对所有货物都应采取相同的养护措施。（　　）

15. 自动化存储系统能够减少人工干预，降低劳动强度，同时提高仓库的空间利用率和作业效率。（　　）

四、材料分析题

1. 中外运物流有限公司（以下简称“外运物流”）作为国内颇具规模的合同物流业务平台，一直致力于为客户提供专业、全面的全程供应链管理解决方案。公司凭借丰富的行业经验和先进的技术手段，在仓储、运输、配送等各个环节都展现出了卓越的能力。其运营的仓储面积高达 430 余万平方米，覆盖全国大部分区域及港澳地区，形成了强大的物流网络。

在仓储管理方面，外运物流注重仓储设施的现代化和智能化建设，通过引入先进的仓储管理系统和自动化设备，实现仓储作业的精准、高效和自动化。同时，公司还注重对仓储环境的监控和维护，以确保存储物品的安全和质量。无论是常温仓储、冷藏仓储还是特殊物品仓储，外运物流都能提供满足客户需求的专业服务。

在运输和配送方面，外运物流拥有庞大的运输车队和强大的配送网络。公司根据客户的不同需求，提供陆运、海运、空运等多种运输方式，并可根据实际情况制订最优的运输方案。此外，公司还注重运输过程中的安全管理和风险控制，确保货物能够安全、准时地到达目的地。

除了仓储、运输和配送服务外，外运物流还提供包括供应链管理咨询、物流方案设计、库存管理、订单处理等在内的全方位供应链管理服务。公司凭借专业的团队和丰富的经验，为客户提供量身定制的供应链管理解决方案，帮助客户优化物流流程、降低成本、提高效率。

问题：

（1）外运物流在仓储管理方面有哪些特色？

（2）外运物流的全程供应链管理解决方案包括哪些内容？

2. 连云港外贸冷库有限责任公司（以下简称“连云港外贸冷库”）作为我国外贸系统的重要组成部分，以其庞大的规模和卓越的性能，在国内外冷藏领域享有盛誉。该冷库由12 000吨容量的低温库和5 000吨容量的保鲜库组成，规模宏大，能够满足各类冷藏产品的储存需求。无论是需要长期冷冻保存的肉类、海鲜，还是需要短期保鲜的水果、蔬菜，连云港外贸冷库都能提供最佳的储存环境。

在设备方面，连云港外贸冷库堪称一流。它采用了双回路电源设计，确保了冷藏设备的稳定运行，避免了电力故障导致的货物损坏。同时，它还引进了日本先进的组装式冷库技术，这种技术使得冷库的建造更加快速、高效，且维护成本更低。这些先进的技术和设备，使其能够为国内外客户提供安全、可靠、高效的冷藏服务。

在地理位置方面，连云港外贸冷库更是拥有得天独厚的优势。它位于连云港市的核心区域，与港口、高速公路、机场、铁路等交通设施紧密相连，交通网络四通八达。这样的地理位置不仅方便了客户的货物进出库，还大大缩短了货物的运输时间，降低了物流成本。

问题：

（1）连云港外贸冷库引进了哪些先进技术？

（2）连云港外贸冷库的地理位置有哪些优势？

拓展阅读

物流运行稳健，发展效能提升——2024年物流运行情况分析

2024年，在国家政策的有力推动下，物流行业实现了稳健运行与发展效能的显著提升。中共中央办公厅、国务院办公厅联合印发的《有效降低全社会物流成本行动方案》为行业指明了方向，国家发改委等相关部门通过政策引导和协调推动，不断改善物流运行环境，加速物流与产业的融合创新，继续巩固市场规模优势，稳步提升社会物流运行效率。

（一）物流运行稳中有进，支撑新发展格局加快构建

2024年，全国社会物流总额达到360.6万亿元，同比增长5.8%，增速较2023年提高0.6个百分点。在物流需求规模扩张的同时，结构同步改善。工业品物流总额同比增长5.8%，是物流需求增长的主要动力；单位与居民物品物流总额增长6.7%，是物流需求增长的重要潜力。绿色化、数字化类型物流需求发展态势明显，农产品、进口货物物流总额占比保持稳定。

工业制造与进口物流保持稳定增长。2024年，工业品物流总额达到318.4万亿元，同比增长5.8%。传统产业进一步调整转型，新兴产业进一步发展壮大。智能制造、高技术制造等高端产业保持高速增长，成为工业品物流高质量发展的亮点。在进口物流方面，全年进口货物物流总额同比增长3.9%，贸易结构优化，消费品进口物流增速稳中趋升，中间制成品进口物流增势明显。

物流供给水平保持提升，供需适配均衡发展。2024年，物流业总收入达到13.8万亿元，同比增长4.9%。头部物流企业物流业务收入规模超过2万亿元，占全行业比重超过16%。物流相关行业法人单位从业人数超过5 500万人。新业态领域快速增长，即时配送等新业态吸纳就业能力不断增强。

（二）多措并举助力产业协同，有效降低全社会物流成本

2024年，社会物流总费用与GDP（国内生产总值）的比率为14.1%，比2023年下降0.3个百分点，物流成本得到有效降低。各环节物流费用比率均有所下降，其中运输费用与GDP的比率为7.6%，管理费用与GDP的比率为1.7%，均比2023年有所下降。

伴随新质生产力发展升级，物流结构向优、管理向质发展。高效运输方式恢复较快，占比有所提高。2024年，民航货运量同比增长22.1%，航空运输方式占比提高。协同运输方式发展态势良好，联运衔接更加紧密。多式联运业务快速发展，2024年集装箱铁水联运量同比增长15%左右。水运效能有所提升，长距离货物运输“公转水”稳步推进。供应链体系逐步建立，协同推动全链条降本。

（三）物流发展环境升级，现代物流体系建设完善

2024 年，物流发展环境加快优化升级，现代物流体系建设取得显著进展。政策赋能基础设施升级，物流发展环境向好。现代物流政策支撑体系不断完善，多部门协同发力，一系列减税降费、降低成本、助企纾困举措陆续落地见效。物流基础设施升级完善，交通物流网络体系日趋完善，2024 年完成物流相关固定资产投资约 3.8 万亿元。物流枢纽聚集效应逐步显现，国家物流枢纽建设成果丰硕，基本形成覆盖全国的物流枢纽网络。

国际物流建设布局持续推进。“一带一路”引领共建国家经贸合作持续加深，中欧班列、中亚班列等多通道格局初步形成。海外供应链网络有所拓展，我国海外仓数量已超过 2 500 个，新增国际航空货运航线 168 条。

物流服务价格竞争局面略有缓解。在反对“内卷式”竞争政策引导及企业自主转型等因素的推动下，物流市场竞争更趋多元化。水运、公路、快递等领域价格竞争的激烈程度有所缓解。

随着我国经济新发展格局的加快构建，现代物流提质增效向高质量增长转型步伐加快。航空货运发展形势良好，规模达到历史最高水平。仓储物流活动规模稳定增长，行业效率持续提升。消费模式多元促电商物流发展稳中有进，即时配送、直播电商等新型模式发展持续推进。

（四）物流行业效益边际改善，企业发展挑战与机遇并存

2024 年，物流企业经营在波动中恢复，特别是进入四季度以来主要经营指标呈现稳步回升态势。重点企业物流业务收入同比增长 5.6%，增速提高。每百元营业收入中的成本维持在 95 元左右水平，收入利润率回升至 3%以上。

然而，微观主体发展仍面临诸多挑战。一方面，全球供应链格局加速重构，国际物流通道的稳定性和畅通性方面存在风险。国内经济结构调整和产业升级持续推进，新旧动能转换存在阵痛，有效需求仍然不足。传统物流模式难以满足新形态高时效、精准性和智能化的要求，企业数字化、绿色化转型升级效果尚不明显。

另一方面，我国经济基础稳、优势多、韧性强、潜能大，物流具备长期向好的发展条件。物流企业服务升级与产业融合激发潜能释放，物流服务向综合供应链转型。物流智能化转型已成为行业发展的核心驱动力，前沿技术在物流领域的应用愈加广泛。物流企业低碳转型引领可持续发展，绿色转型进程显著加速。物流企业出海步伐加快提升国际竞争力，为我国高水平开放战略提供有力支撑。

综上所述，2024 年物流行业在稳健运行中实现了发展效能的显著提升。未来，物流行业将继续面对挑战与机遇并存的局面，以高质量发展为目标，不断推进转型升级与创新发展。

（来源：中国物流与采购联合会，有改动）

全方位扩大国内需求

（一）内需：拉动经济增长的主动力与稳定锚

习近平总书记明确指出，“要积极扩大国内需求”，“创造更多消费场景，持续释放消费和投资潜力”。这一战略导向在中央经济工作会议上得到了进一步强调，2025年的重点任务部署中，扩大国内需求被置于首位，旨在通过大力提振消费和提高投资效益，全方位地推动国内需求的扩大。

为贯彻落实习近平总书记的重要讲话精神和中央经济工作会议的部署，各地区各部门正积极行动，将扩大内需这一长期战略转化为实际行动，力求释放国内需求的更大潜力，使其成为拉动经济增长的主动力和稳定锚，为经济的持续回升向好提供坚实支撑。

（二）消费与投资：积蓄向上向好的力量

在吉林长白山，冰雪旅游正成为冬季消费市场的一大亮点。江苏南京高校教师白欣悦和家人踏上了冰雪之旅，体验了这片洁白世界的魅力。与此同时，在福建泉州，一场招商签约专场活动拉开了扩大投资的序幕，涵盖量子技术、智能机器人、生物技术等多个领域的 88 个项目集中签约，总投资额超过 2 600 亿元。

随着存量政策的有效落实和增量政策的不断推出，政策组合效应持续显现，带动了国内需求的扩大。消费和投资作为国内需求的两大支柱，正积蓄着更强的向上向好力量。

数据显示，2024 年社会消费品零售总额达到 487 895 亿元，同比增长 3.5%，其中 12 月份同比增长 3.7%，增速较 11 月份加快了 0.7 个百分点。这表明消费规模在持续扩大，市场活力在不断增强。同时，2024 年完成固定资产投资（不含农户）514 374 亿元，同比增长 3.2%，扣除价格因素影响后实际增长 4.8%。其中，制造业投资表现尤为突出，同比增长 9.2%，对整体投资的支撑作用显著。

在消费市场方面，冰雪游、以旧换新、服务零售等亮点频现。线上平台数据显示，冰雪游成为 2024 年冬季热门出游主题，2024 年 11 月以来，滑雪搜索热度环比增长 83%，冰雪游相关搜索热度环比增长超 3 倍。各地区各部门也抢抓春节假期前后的消费旺季，推出丰富多样的促消费活动，进一步激发了消费市场的潜力。

在投资领域，多地掀起了重大项目“签约潮”“开工潮”。泉州等地通过“走出去”和“请进来”双向发力，招商引资追“高”逐“新”，一批批新赛道项目应运而生、落地投产。这些项目的实施不仅有助于提升当地产业水平，还为经济的中长期发展注入了新的动力。

（三）扩大内需：战略之举而非权宜之计

当前，我国面临的国际环境复杂严峻，国内需求不足的挑战仍然较大。但扩大内需不是应对当前经济挑战的权宜之计，而是推动经济高质量发展的战略之举。

从国际经验来看，大国经济的特征往往是以内需为主导、内部可循环。美国、德国、英国等发达国家在人均国内生产总值突破2万美元时，内需结构均表现出“内需主导、消费引领”的特征。相比之下，国内需求不足、消费率较低的问题较为突出，这更加凸显了扩大内需的战略意义。

此外，扩大内需也是应对外部冲击的有效途径。在当前世界经济复苏乏力、贸易保护主义抬头的大背景下，实施扩大内需战略有助于消除外部冲击和外需下降带来的影响，增强我国经济发展的主动性和韧性。

从国内现实来看，扩大内需也是全面建设社会主义现代化国家的实践要求。重点领域投资和设备更新投资的较快增长支撑了投资的扩大，增强了经济中长期发展的动能。同时，扩大内需也是满足人民对美好生活向往的现实需要。通过顺应消费新趋势、提供更加优质的供给，可以在扩大内需的过程中切实增强百姓的获得感和幸福感。

（四）提振消费与提高投资效益：双管齐下

在扩大内需的过程中，提振消费和提高投资效益是两大关键。提振消费需要在增强消费能力、提升消费意愿上下功夫。这包括推动居民收入稳定增长、改善消费环境及加力扩围实施“两新”政策等。同时，提振消费还需要在适应消费结构变化、增强供需适配性上做文章。这包括大力培育文化、旅游、体育、数字等新型消费领域，积极开发更加多样化的消费场景和新型融合消费业态，以新供给激发新活力。

河南信阳平桥区郝堂村，通过引入“八大匠”等传统文化元素打造新的消费场景，带动了当地旅游业的快速发展。2024年，平桥区共接待游客312.26万人次，旅游总收入达到10.84亿元。这一案例充分展示了提振消费在扩大内需中的重要作用。

提高投资效益则是扩大内需的另一大关键。在投资领域，既要聚焦“补短板、增后劲”，更大力度支持“两重”项目（重大基础设施项目和重大产业项目），补齐教育、医疗、养老等领域短板；也要加大科技创新、产业升级、绿色转型等领域投资力度；还要加强财政与金融的配合，发挥好重大项目牵引和政府投资撬动作用，优化投资环境，激发投资活力。

在浙江绍兴嵊州市八何洋村，新建设的充电站不仅满足了村民及周边工业园外来建设者的新能源车充电需求，还带动了当地新能源车的普及。这一案例展示了提高投资效益在扩大内需中的实际效果。

综上所述，内需作为拉动经济增长的主动力和稳定锚，在当前和今后一段时间的经济工作中具有举足轻重的地位。通过准确把握国内市场发展规律、坚决破解需求不足的突出症结，并将扩大内需这一长期战略落到实处，我们可以不断激发消费和投资的更大潜能，凝聚推动经济持续向好更加强大的合力。

（来源：根据人民日报客户端资料整理）

项目五

精准高效，智慧制造提效益
——流通加工

知识概要

一、本项目思维导图

本项目主要介绍流通加工的概念和作用、流通加工与一般生产加工的区别、流通加工的内容、流通加工的功能、不合理流通加工和合理流通加工等内容，如图 5-1 所示。

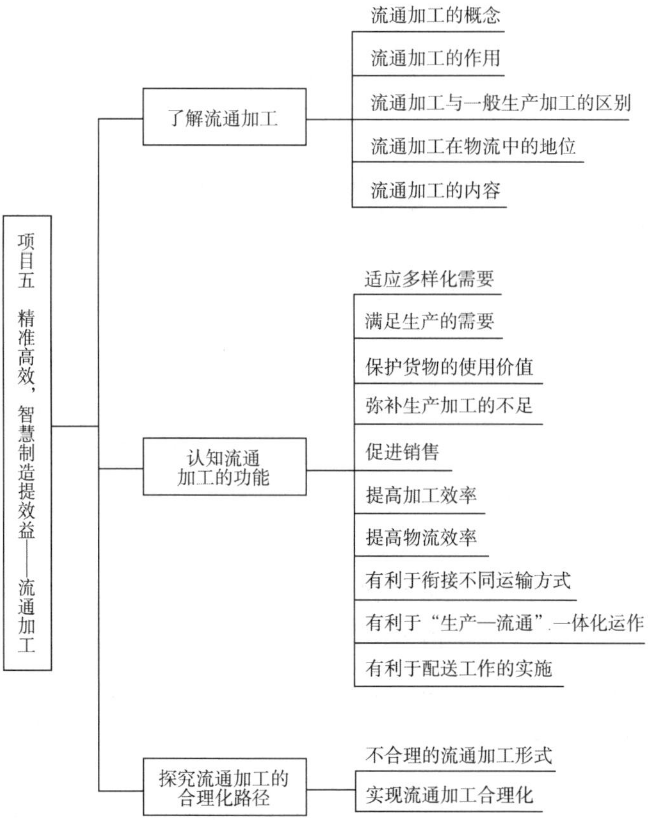

图 5-1　本项目思维导图

二、本项目重难点分析

本项目重难点包括流通加工的作用、流通加工与一般生产加工的区别、流通加工的内容、流通加工的功能、不合理流通加工和合理流通加工。

（一）流通加工的作用

流通加工的作用主要包括：弥补生产加工的不足；节约材料，降低物流成本；提高原材料的利用率；满足客户多样化的需求；提高加工效率及设备利用率。

（二）流通加工与一般生产加工的区别（表 5-1）

表 5-1　流通加工与一般生产加工的区别

表现方面	流通加工	一般生产加工
加工对象	进入流通领域、具有商品属性的产品	原材料、零配件和半成品
加工程度	简单加工	复杂加工
价值观点	完善商品的使用价值	创造商品的价值和使用价值
加工组织者	流通企业	生产企业
加工目的	消费	交换和消费

（三）流通加工的内容（表 5-2）

表 5-2　流通加工的内容

类型	内容
生产资料的流通加工	以适应顾客需求的变化、服务顾客为目的，不仅能够提高物流系统的效率，而且可以促进生产的标准化和增强计划性，提高商品的价值和销售效率
食品的流通加工	为了便于保存，提高流通的效率
消费资料的流通加工	增进顾客对消费资料商标、标签的认知，以及发挥广告促销作用，消费资料的流通加工标准是既要吸引顾客、促成交易，又要注重美观与艺术感

常见的流通加工形式包括：钢材的流通加工、水泥的流通加工、木材的流通加工、玻璃的流通加工、精制加工、分装加工、组装加工等。

（四）流通加工的功能

流通加工的功能包括：适应多样化需要，满足生产的需要，保护货物的使用价值，弥补生产加工的不足，促进销售，提高加工效率，提高物流效率，有利于衔接不同运输方式，有利于“生产—流通”一体化运作，有利于配送工作的实施。

（五）不合理流通加工和合理流通加工（表 5-3）

表 5-3　不合理流通加工和合理流通加工

类型	内容
不合理流通加工	流通加工地点设置不合理；流通加工方式选择不当；流通加工作用不大，形成多余环节；流通加工成本过高、效益不好
合理流通加工	加工和配送结合、加工和配套结合、加工和合理运输结合、加工和合理商流结合、加工和节约结合

三、本项目涉及的主要物流术语表（5-4）

表 5-4　本项目涉及的主要物流术语

物流术语	含义
流通加工	根据顾客的需要，在流通过程中对产品实施的简单加工作业活动（如包装、分割、计量、分拣、刷标志、拴标签、组装、组配等）的总称

同步训练

一、单项选择题

1. 流通加工是一项低投入、高产出的物流活动，它能降低物流成本，满足消费者的（　　）。

A. 基本需求　　B. 个性化需求
C. 定制化需求　　D. 多样化需求

2. 通过建立（　　），采用一些效率高、技术先进、加工量大的专门机具和设备，一方面可以提高加工效率和加工质量，另一方面也可以提高设备利用率。

A. 统一加工点　B. 分类加工点　C. 集中加工点　D. 个性化加工点

3. 流通加工的对象是进入流通领域、具有（　　）的产品。

A. 半成品属性　　B. 产成品属性
C. 依附属性　　D. 商品属性

4. 流通加工旨在完善商品的（　　），并在不改变产品的物理化学性能的情况下提高其价值。

A. 生产价值　B. 使用价值　C. 消费价值　D. 市场价值

5. 流通加工仅仅以（　　）为目的，纯粹是为流通创造条件。

A. 方便流通　B. 方便运输　C. 方便生产　D. 方便销售

6.（　　）功能是指为了满足客户对产品多样化的需要，同时又要保证高效率的生产，可对生产出来的单一化、标准化的产品进行多样化的改制加工。

A. 满足生产的需要　　B. 保护货物的使用价值

C. 促进销售　　D. 适应多样化需要

7. 根据需要将钢材定尺定型，按要求下料，是为了（　　）。

A. 促进销售　　B. 满足生产的需要

C. 适应多样化需要　　D. 弥补生产加工的不足

8. 将蔬菜、肉类洗净切块以符合消费者要求，属于（　　）。

A. 促进销售　　B. 满足生产的需要

C. 适应多样化需要　　D. 弥补生产加工的不足

9. 目前流通加工领域的新形式是（　　）。

A. “生产—消费”一体化运作　　B. “生产—采购”一体化运作

C. “生产—流通”一体化运作　　D. “生产—加工”一体化运作

10. 流通加工是在流通领域中对（　　）的辅助性加工，它能提高原材料的利用率，增加产品价值。

A. 生产　　B. 销售　　C. 运输　　D. 采购

11. 在供应链协同模式下，流通加工可前置至（　　）中，既按下游订单需求预加工，又与供应商的供货计划联动，使半成品直接进入配送流程。

A. 仓库　　B. 供应商　　C. 消费者市场　　D. 配送点

12. 通过加工有效促进销售，增加产品价值，吸引客户目光，使商流合理化，是流通加工合理化的考虑方向之一，体现流通加工合理化的（　　）方面。

A. 加工和配送结合　　B. 加工和配套结合

C. 加工和合理运输结合　　D. 加工和合理商流结合

13. 流通加工是物流企业的重要利润源，在物流中的地位是非常重要的，属于（　　）。

A. 基本服务范围　　B. 增值服务范围

C. 一般服务范围　　D. 提升效益范围

14.（　　）是流通加工的一个十分重要的特点。

A. 提高原材料的利用率　　B. 满足客户多样化的需求

C. 提高加工效率　　D. 节约材料

15. 流通加工的组织者是从事流通工作的人，从加工单位来看是（　　）。

A. 生产企业　　B. 供应商　　C. 流通企业　　D. 组织单位

16. 十月稻田推出的新品黄金 8cm 玉米段，采用铝膜真空包装，不仅能持久锁鲜，还能开袋免切，蒸煮简单。这样的方式是为了（　　）。

A. 保护商品　　B. 弥补产品不足

C. 提升品牌形象　　D. 促进销售

17. 有些货物本身的形态使之难以进行物流作业，而且货物在运输、装卸搬运过程中极易受损，因此需要进行适当的（　　）加以弥补。

A. 流通加工　　B. 生产加工　　C. 物流活动　　D. 货物保护

18. 流通加工主要是为促进与便利（　　）而进行的加工。

A. 商流　　B. 增值　　C. 流通　　D. 物流效率提高

19. 流通加工的目的在于（　　）价值。

A. 创造　　B. 改变　　C. 使用　　D. 完善

20. 流通加工地点与消费地距离过大，导致多品种末端配送服务困难，这样的不合理流通加工形式是（　　）造成的。

A. 流通加工方式选择不当　　B. 流通加工地点设置不合理

C. 流通加工成本过高、效益不好　　D. 流通加工作用不大，形成多余环节

二、多项选择题

1.（　　）是流通加工合理化的重要考虑因素。

A. 节约能源　　B. 节约设备　　C. 节约人力　　D. 节约耗费

2. 客户需求存在（　　）两个特点，为满足这种要求，客户经常自己设置加工环节。

A. 多样化　　B. 多需求　　C. 变化　　D. 易变性

3. 流通加工的作用体现在（　　）。

A. 提高物流水平　　B. 提高物流效率

C. 促进生产　　D. 促进流通向现代化发展

4. 消费资料的流通加工以（　　）为目的。

A. 降低成本　　B. 服务客户　　C. 促进销售　　D. 增加利润

5. 不合理的流通加工形式表现为（　　）。

A. 流通加工地点设置不合理

B. 流通加工方式选择不当

C. 流通加工作用不大，形成多余环节

D. 流通加工成本过高、效益不好

6. 实现流通加工合理化主要考虑（　　）。

A. 加工和配送结合　　B. 加工和配套结合

C. 加工和合理运输结合　　D. 加工和合理商流结合

三、判断题

1. 流通加工的目的仅仅是为了方便运输，与提高产品附加值无关。 (　　)
2. 在流通领域，流通加工以满足企业的需求为重点，增强物流各环节的服务功能。 (　　)
3. 流通加工中的集中下料，能做到优材优用、小材大用、合理套裁，提高原材料的利用率，降低原材料的消耗。 (　　)
4. 流通加工面向全社会，加工数量少，加工范围窄，加工任务少。 (　　)
5. 流通加工应用最多的是消费行业。 (　　)
6. 可根据上游生产的需要，对货物进行加工，使其达到生产直接可用的状态。 (　　)
7. 流通加工以集中加工的形式解决了单个企业加工效率不高的问题。 (　　)
8. 若流通加工成本过低，则不能实现以较低投入实现更高使用价值的目的。 (　　)
9. 流通加工设置在配送点中，还需设置一个加工的中间环节。 (　　)
10. 效益是企业的根本，不适当的加工造成不必要的浪费，势必影响企业的效益。 (　　)
11. 流通加工是一种低投入、高产出的加工方式。 (　　)
12. 流通加工完全是对生产加工的重复。 (　　)
13. 流通加工只便于流通，不增加物流商品的价值。 (　　)
14. 流通加工大多是简单加工，而一般生产加工大多是复杂加工。 (　　)
15. 流通加工大多由生产企业完成。 (　　)

四、材料分析题

1. 夏日来临，吃上一口甘甜多汁的西瓜，可谓享受。“刚到6月，就能吃到0.5元/公斤的西瓜了！”继榴梿、荔枝、樱桃之后，西瓜也迎来了大降价，相关话题冲上微博热搜。2024年第23周，农业农村部重点监测的6种水果批发市场周均价同比下降10.4%。

从需求端来看，水果产业的市场逻辑正在发生变化。如今，水果供应不分四季，销售地域不分南北，消费者想买就能买到。在此基础上，消费者的偏好日益多样，品类间的竞争也日益加剧。从供给端来看，尽管水果产业规模在壮大，但依然存在结构不平衡、品质不稳定及物流、加工等方面的短板。

关注内外联动发展。智利车厘子等水果跨越千山万水走进中国家庭。进口水果不仅弥补了国内水果品类的不足，还给行业带来了新理念、新技术。从理念上看，果农和果商要深度融合，组成适应现代产业发展规律的农业产业联合体；从技术上看，适宜种植水果的地区可引进试种有前景的特色水果，经本土驯化后，实现产业化种植。

重视错位发展。目前，许多水果主产区积极开展产销对接活动，帮助果农销售水果。今后，要警惕一些地方水果种植低质量、无序扩张的情况，应把重点放到优化区域结构、产品结构、品种结构上。

莫忽视全产业链发展。水果产业链长，尽管生产快速发展，但采后处理和流通加工仍处于初级阶段，设施和技术水平不高，这影响了水果产业的整体发展质量和效益。以加工来说，水果的精深加工不够，未能充分发挥“蓄水池”功能，使得鲜果销售易陷入价格困境。近年来，中央财政支持产地冷链物流设施建设，各方要抓住机会，延伸和补齐产业链，为果农保驾护航。

问题：

（1）水果产业流通加工可以从哪些方面进行？

（2）流通加工可以给水果市场带来哪些优势？

2. 某服装品牌公司生产各类服装，产品需要通过物流配送到全国各地的专卖店和电商仓库。为了满足不同销售渠道的需求，该公司在区域配送中心进行流通加工，主要是根据订单需求，将大箱包装的服装拆分为适合零售的小包装。例如，将 100 件同款 T 恤的大箱包装拆分为 10 件一盒的小包装，方便门店销售。在包装上粘贴符合当地市场情况的标签，包括价格、条形码、洗涤说明等，并更新二维码，方便消费者扫码了解产品详情。推出季节性促销组合，如将 T 恤与帽子进行捆绑销售，以吸引消费者。在区域配送中心对服装进行二次质检，确保产品无瑕疵。对有轻微瑕疵的服装进行修复，如重新缝制松动的纽扣。

问题：

（1）流通加工的主要目的是什么？

（2）流通加工对客户满意度有何影响？

拓展阅读

中国商业联合会发布2025年中国商业热点

流通领域新模式、新业态和新机制的探索创新带动了行业整体创新，促使传统流通产业焕发新动能。2025年在加快建设全国统一大市场和培育新质生产力的背景下，技术创新在流通领域的应用场景日益丰富，这将促使流通过程要素组合实现创新性配置，赋能流通产业加速创新，实现流通体系效率跃升，使流通体系的效率变革实现质的突破。

热点一：扩大消费位置更加突出，消费市场稳定向好增长

2025年，扩大消费会被放在更加突出的位置，消费市场稳定向好增长。首先，扩大消费政策将更具针对性、更富成效性。其次，扩大消费的体制机制将更加完善。再次，消费重点领域将持续发力。最后，推动商业、文化、旅游、体育融合发展将成为扩大消费的长期举措。

热点二："服务消费升级"趋势明显，增长空间广阔、潜力巨大

当前，服务消费已成为我国居民消费增长快、热点多、潜力大的领域，市场规模持续扩大。

随着服务业市场的进一步开放和一揽子结构性政策调整，以及我国收入水平的提升和中等收入群体规模的扩大，服务消费的扩容升级有望进一步提速，潜力巨大。

热点三：县域商业持续扩容升级凸显消费活力，商业企业渠道下沉开辟增长蓝海

县域商业加快扩容升级，品质提升成为消费新趋势；县域商业支持政策频出，县域商贸流通体系不断完善；县域商业新模式不断创新，品牌下乡、渠道下沉开辟竞争新赛道。

未来几年，随着人民对美好生活需要的日益增长，县域消费潜力将不断释放。各类品牌纷纷"下乡"，平台渠道不断下沉，消费梯次升级将持续释放新潜能，并进一步推动县域居民消费从实用型向多层次、品质型加速升级。

热点四：餐饮市场更注重质价比，绿色营养健康消费理念增强

2024年，餐饮业消费整体上更趋于理性，消费者更加注重质价比，质优价廉的餐饮产品成为大众消费的首选。

2025年，契合绿色、智能、健康、时尚的发展趋势更加明显，面向大众的、范围更广的，能提升百姓生活品质、满足人民美好生活需要的餐饮产品和服务供给将进一步扩大。

热点五：线上线下应需而变，零售业回归商业本质

2024年，"应需而变"成为不少零售企业发展的关键词，回归商业本质、重视商品和服务贯穿2024年零售业所有变化的始终，其中电商发展呈现出诸多亮点，包括：新的增长点不断涌现，消费规模持续扩大。电商不断创新购物场景，将社交、娱乐、健康、智能等元素融入购物过程，挖掘消费需求，疏通消费堵点，推动消费升级，促进市场繁荣，等等。

热点六：生鲜品质消费需求持续旺盛，农产品市场带动消费有效增长

近年来，消费者对健康饮食及生活品质的要求未降反增，消费需求旺盛，生鲜市场展现出前所未有的发展潜力，市场规模持续扩大，年复合增长率保持在7%左右。

2025年，以冷链物流保鲜设施建设为核心的农产品全产业链建设将有效推进，主食加工基地、“生鲜电商+冷链宅配”“中央厨房+食材冷链配送”等业态模式会逐渐成形，农产品市场在对接产销、把关食品安全方面的功能将更加凸显，使生鲜农产品流通的损耗更低、品质更高，更好地发挥出平急两用、服务城乡居民美好生活和应急保供的重要作用。

热点七：数字消费开拓内需增长新空间，数字文化消费引领生活方式新变化

近年来，随着5G、物联网、人工智能、虚拟现实等数字技术的应用，数字消费快速发展，改变了人们的生活方式和消费习惯，成为拉动消费增长的新引擎。一系列扶持政策的出台为数字消费的未来发展铺设了坚实的基石。

热点八：商贸物流着力推进降本增效，以高质量发展引领行业实践

热点九：零售业出海为大势所趋，合规与本地化是成功的关键

2025年，中国零售企业出海将呈现以下趋势。首先，企业将更加注重合规和本地化。其次，技术驱动将成为主要趋势。与此同时，多元化市场布局也将进一步拓展。

（来源：中国日报网，有改动）

3D打印技术引入流通加工领域

打印玩具、打印食品、打印汽车……3D打印技术，作为一种革命性的制造技术，正逐渐渗透到各个行业领域，如设计、艺术、建筑、时尚、航空航天、汽车制造和医疗等。它通过逐层添加材料的方式构建物体，不仅能够快速原型制作，提高设计效率，还能实现个性化定制。随着智能制造技术的不断升级，3D打印正加速融入我们的生产生活。国家统计局数据显示，2024年以来，我国3D打印设备产量保持两位数高速增长，上半年同比增长51.6%，这表明3D打印技术在流通加工领域具有广泛的应用潜力。

“新华视点”记者日前走访陕西、广东、江苏等地发现，3D打印技术的应用场景不断拓展深化，促进了实体经济与数字经济的高质量融合，成为推动我国新质生产力培育壮大的重要力量。

潮玩、食品、颅骨模型等皆可打印

2024 年，7 月 15 日，黑龙江省哈尔滨市张恺翔同学收到了哈尔滨工业大学的录取通知书。这份通知书整体以“书”的外形呈现，装有一把用太空金属材料 3D 打印、抛光的“金”钥匙。3D 打印，给录取通知书增添了科技感，备受学子们的喜爱。这种最初在美国发展起来的新型制造技术，也被称为增材制造，其工作原理主要是以数字模型文件为基础，使用可黏合材料如粉末状金属或塑料等，通过逐层打印来构造物体。

“如果把一件物品剖成极多薄层，3D 打印就是将这些薄层一层一层打印出来，上一层覆盖在下一层上并与之结合，直到整个物品打印成形。”中国社会科学院工业经济研究所研究员李钢说。

在陕西，记者走进西安康拓医疗技术有限公司，生产线上十余台 3D 打印设备整齐排布，有序作业。通过逐层扫描、累加成形，一个定制化的颅骨模型不到 5 小时即可制作完成。“每台设备可以同时生成 6 个颅骨模型。”公司研发工程师赵峰说，每个模型都是量身定制，能准确展现用户头颅结构，有效协助医疗机构进行诊疗。

“在设计阶段，主要运用 3D 打印技术验证外形、结构等方面的可行性。例如，公司推出的潮玩 IP‘胖哒’，在经过数十次的 3D 打印技术验证后，才最终设计出最符合市场需求的产品形态。”东莞市顺林模型礼品股份有限公司董事长刘学深说。

综上，3D 打印技术在流通加工领域的应用主要体现在零部件制造、定制化需求满足、供应链优化以及物流设备制造等方面。这些应用不仅提高了效率，还降低了成本，展现了 3D 打印技术在未来流通加工领域的广阔前景。

（来源：中国经济网，有改动）

项目六

行稳致远，智领物流畅无阻
——运输管理

知识概要

一、本项目思维导图

本项目主要介绍运输的职能、基本原理、分类，选择运输方式时主要考虑的因素，影响运输合理化的因素，不合理运输的表现形式等内容，如图 6-1 所示。

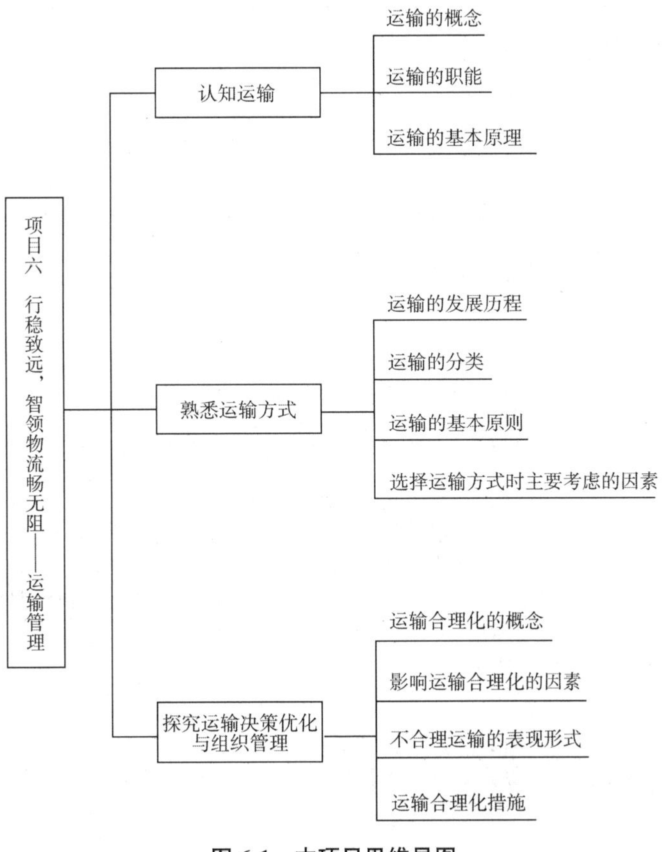

图 6-1　本项目思维导图

二、本项目重难点分析

本项目重难点包括运输的职能及基本原理、运输的分类、选择运输方式时主要考虑的因素、影响运输合理化的因素及不合理运输的表现形式。

（一）运输的职能及基本原理

1. 运输的职能

运输的职能主要包括两个方面：一是货物转移，即将货物从一处运送到另一处；二是货物储存，即将运输工具作为临时储存设施，以降低装卸成本和货物保管成本。

2. 运输的基本原理（表 6-1）

表 6-1　运输的基本原理

序号	基本原理	含义
1	规模原理	随着一次装运量的增大，每单位重量的运输成本会相应下降
2	距离原理	随着一次运输距离的增加，运输成本的增加会变得越来越缓慢，即单位运输成本随运输距离的增加而下降
3	速度原理	强调运输时间对运输效用的影响，即完成特定运输所需的时间越短，其效用价值就越高

（二）运输的分类（表 6-2）

表 6-2　运输的分类

序号	分类标准	主要形式	主要内容
1	运输方式	公路运输	优点：机动灵活，适应性强；可实现“门到门”运输；近距离运输时，运费较低 缺点：易污染环境和发生事故；不适宜大批量运输；长距离运输时，运费相对较高
1	运输方式	铁路运输	优点：不受天气影响，稳定安全；中长距离运输时，运费低廉；运输能力强，运输速度快；运输网络遍布全国，可以运往各地 缺点：货物滞留时间较长；短距离运输时，运费昂贵；不适合紧急运输；车站固定，无法实现“门到门”服务
1	运输方式	水路运输	优点：长距离运输时，运费低廉；运输能力强，资源消耗少 缺点：运输速度较慢；港口设施需要高额投资；易受天气影响，运输时间难以保证
1	运输方式	航空运输	优点：运输速度快；不受地形限制，机动性强；安全性高，破损率低 缺点：运费较高；运载量和运输货物种类有限
1	运输方式	管道运输	优点：运量大，成本低；安全可靠，连续性强；较环保 缺点：运输货物种类有限；运输线路固定，灵活性较差；清理成本高

续表

序号	分类标准	主要形式	主要内容
2	运输范围	干线运输	运输距离长、数量多、速度快、成本低
		支线运输	建设水平往往低于干线，运输速度较慢
		二次运输	是一种补充形式的运输，运输距离短、运量小
		场内运输	运输距离短、运量小、速度慢、成本高
3	运输协作程度	一般运输	孤立地采用不同运输方式或同一种运输方式而没有形成有机协作关系的货物运输
		联合运输	几个运输企业联合起来，综合利用各种运输方式的优势进行协作，实行一次托运、一票到底的货物运输
		多式联运	按照多式联运合同，以至少两种不同的运输方式，由多式联运经营人把货物从一国境内接运货物的地点运至另一国境内指定交付货物的地点

（三）选择运输方式时主要考虑的因素

一是货物数量，一般而言，20 吨以下的货物，采用公路运输；20 吨以上的货物，采用铁路运输；数百吨以上的原材料类货物，采用水路运输。二是运输成本，航空运输最贵，而水路运输和铁路运输成本较低，适合大宗货物长距离运输。三是运输速度，生鲜或急需货物首选航空运输，长距离运输时铁路运输速度较快。四是货物性质，特殊货物需要特殊的运输条件和设备。五是运输距离，短距离采用公路运输，长距离优先选用铁路或水路运输。六是特别要求，如环保要求、政策限制、客户指定等也需要考虑。

（四）影响运输合理化的因素及不合理运输的表现形式

1. 影响运输合理化的因素

影响运输合理化的因素主要有运输距离、运输环节、运输工具、运输时间和运输费用等。只有充分考虑这些因素，才能更加顺利地实现运输合理化。

2. 不合理运输的表现形式（表 6-3）

表 6-3 不合理运输的表现形式

序号	表现形式	含义
1	返程或起程空驶	车辆在无载货状态下行驶，这是不合理运输最严重的表现形式
2	对流运输	又称“相向运输”“交错运输”，是指同一种货物，或彼此间可以互相代用而又不影响管理、技术及效益的货物，在同一线路或平行线路上做相对方向的运送，而与对方运程的全部或一部分发生重叠交错的运输现象
3	迂回运输	又称“绕道运输”，是指运输货物时舍近求远、绕道而行的现象，也就是常说的“近路不走，走远路”

续表

序号	表现形式	含义
4	重复运输	本可以将货物直接从起运地运往目的地，但由于仓库位置设置不当或计划不周等，而将货物运到中途地点卸下后，又重复装运送往目的地的运输现象
5	倒流运输	将货物从销售地或中转地向生产地或起运地回运的运输现象
6	过远运输	在选择供货单位时，不就地就近获取某种商品或物资，而是舍近求远从外地或远处运来同种商品或物资的运输方式
7	运力选择不当	未根据实际情况选择合适的运输工具，从而导致运力浪费的运输现象

三、本项目涉及的主要物流术语（表 6-4）

表 6-4　本项目涉及的主要物流术语

序号	物流术语	含义
1	运输	利用载运工具、设施设备及人力等运力资源，使货物在较大空间上产生位置移动的活动
2	运输合理化	在保证货物运量、运距、流向和中转环节合理的前提下，在整个运输过程中确保运输质量，并以合理的运输工具、最少的运输环节、最佳的运输线路、最低的运输成本将货物从起运地运送至目的地

同步训练

一、单项选择题

1. 按照运输工具的不同，可分为多种类型，其中不包括（　　）。

A. 公路运输　　B. 铁路运输　　C. 管道运输　　D. 水路运输

2. 在运输的基本原则中，强调在保证运输质量的前提下力求实现运输成本最小化的原则是（　　）。

A. 及时性原则　　B. 经济性原则

C. 安全性原则　　D. 准确性原则

3. 运输是人类实现（　　）的活动。

A. 时间效用　　B. 空间位移　　C. 时间位移　　D. 形质效用

4. 在选择运输方式时，（　　）通常不是主要考虑的内容。

A. 货物的性质与数量　　B. 运输距离与时间要求

C. 运输成本与效益　　D. 运输企业的员工年龄结构

5. 将重庆的 2 万吨红薯运往湖北汉口，选择（　　）比较合适。

A. 铁路运输　　B. 公路运输　　C. 水路运输　　D. 航空运输

6. 国际贸易中最重要的运输方式是（　　）。

A. 水路运输　　B. 公路运输　　C. 航空运输　　D. 管道运输

7. 在选择国际运输方式时，对于大宗、低值、不急需的货物，通常会优先考虑（　　）。

A. 航空运输　　B. 水路运输　　C. 公路运输　　D. 铁路运输

8. 各种运输方式中，货运量最大的是（　　）。

A. 公路运输　　B. 管道运输　　C. 水路运输　　D. 铁路运输

9. 将山西大同的 1 万吨煤炭运往北京，选择（　　）比较合适。

A. 航空运输　　B. 公路运输　　C. 铁路运输　　D. 管道运输

10.（　　）是可以选取短距离进行运输，却选择路程较长路线进行运输的一种不合理形式。

A. 对流运输　　B. 迂回运输　　C. 重复运输　　D. 过远运输

11. 下列属于不合理运输表现形式的是（　　）。

A. 直达运输，减少中转

B. 充分利用运输工具的装载能力

C. 迂回运输，增加不必要的运输距离

D. 运输方式选择合理，成本效益高

12. 为了实现运输合理化，不应采取的措施是（　　）。

A. 推行“四就直拨”运输

B. 鼓励使用高能耗、低效率的运输工具

C. 发展社会化的运输体系

D. 提高运输工具的实载率

13. 运输的基本原则不包括（　　）。

A. 经济性原则　B. 安全性原则　　C. 迅速性原则　　D. 及时性原则

14. 影响运输合理化的因素不包括（　　）。

A. 运输距离　　B. 运输费用　　C. 运输货物　　D. 运输工具

15. 按运输范围分类，（　　）不属于此类。

A. 干线运输　　B. 支线运输　　C. 二次运输　　D. 联合运输

16. 运输合理化的措施不包括（　　）。

A. 提高运输工具的实载率　　B. 发展社会化的运输体系

C. 增加运输环节　　D. 开展直达运输

17. 在运输的基本原理中，（　　）原理强调了运输效率与运输成本之间的平衡。

A. 速度　　B. 距离　　C. 规模　　D. 安全

18. 下列不属于不合理运输表现形式的是（　　）。

A. 为节约费用，选择迂回路线进行长途运输

B. 为避免空驶，将不同目的地的货物混装在同一辆车上

C. 货物从产地运往销地，途中经多次装卸搬运

D. 同一批货物在同一地点进行多次装卸搬运，增加运输成本

19. 一家生鲜电商为了降低运输成本，同时保证食品新鲜度，采取（　　）的策略最为合理。

A. 全部采用航空运输，确保快速送达

B. 根据目的地距离和食品类型选择合适的运输方式

C. 只采用公路运输，降低成本

D. 无论距离远近，均采用铁路运输

20. 为了提高运输效率，减少货物在途时间，采取（　　）的策略最为有效。

A. 增加运输车辆的数量，无论货物量大小都安排满载运输

B. 采用多式联运，根据货物特性和运输距离选择合适的运输方式组合

C. 延长每个运输节点的停留时间，以确保货物装卸的完整性

D. 减少运输路线的选择，只使用少数几条熟悉的路线进行运输

二、多项选择题

1. 影响运输合理化的因素有（　　）。

A. 运输时间　　B. 运输距离　　C. 运输工具　　D. 运输人员

2. 不合理运输的表现形式有（　　）。

A. 运力选择不当　　B. 对流运输

C. 过远运输　　D. 满载运输

3. 运输合理化的核心要素包括（　　）。

A. 运输时间控制　B. 运输路线优化　　C. 运输工具匹配　　D. 运输人员培训

4. 运输的基本原则涵盖了多个方面，下列属于运输的基本原则的有（　　）。

A. 及时性原则　　B. 安全性原则

C. 环保性原则　　D. 经济性原则

5. 不合理运输的表现形式多种多样，下列属于不合理运输表现形式的有（　　）。

A. 迂回运输，增加不必要的运输距离

B. 重复运输，造成资源浪费

C. 直达运输，减少中转

D. 运输工具选择不当，导致效率低下

6. 为了实现运输合理化，企业可以采取多种措施，有效的措施包括（　　）。

A. 推行“四就直拨”运输

B. 提高运输工具的实载率

C. 发展多式联运，优化运输组合

D. 加强运输信息管理，提高运输效率

三、判断题

1. 在物流运输分类中，干线运输主要承担区域间长距离、大批量的货物运输任务，通常由公路或铁路运输完成。（　）

2. 在运输的基本原则中，及时性原则强调的是货物必须在规定的时间内送达，以保证生产和消费的正常进行。（　）

3. 水路运输的成本低，主要担负大宗、笨重货物的长途运输。（　）

4. 运输管理中应用智能调度系统能够显著提高车辆利用率并降低空驶率。（　）

5. 铁路运输是最重要和最普遍的短途运输方式。（　）

6. 航空运输是速度最快、运输成本高、运量大的一种运输方式。（　）

7. 按照运输工具的不同，运输可分为公路运输、铁路运输、水路运输、航空运输和管道运输五大类。（　）

8. 运输距离是决定选择何种运输方式的关键因素，因此长途运输通常倾向于选择水路或铁路运输。（　）

9. 运输合理化的核心目标是追求运输速度最大化，以满足市场对快速响应的需求。（　）

10. 发展多式联运是实现运输合理化的重要措施之一，可以通过优化不同运输方式之间的衔接，提高整体运输效率。（　）

11. 在运输的基本原则中，经济性原则是指追求最低的运输成本，不考虑其他因素。（　）

12. 国际多式联运要求货物在运输过程中必须使用两种及以上的运输工具，且全程使用同一张运输单据。（　）

13. 场内运输属于按运输范围分类中的一种。（　）

14. 运输的基本原理包括规模原理、距离原理和速度原理。（　）

15. 运输合理化措施中，提高运输工具的实载率是为了减少返程或起程空驶。（　）

四、材料分析题

1. A 物流公司专门为一家生产电子产品的大公司提供运输服务。这家电子产品公司生产的产品很受欢迎，其原材料从国内外众多地区采购，产品不仅畅销全国各地，还远销海外。最近，A 物流公司面临一系列问题，导致运输成本越来越高，而运输速度和质量却没见提升，引起了客户的极大不满。经过一番调查，发现主要存在以下几个问题：

（1）由于部分关键原材料的供应商所处地理位置偏远，过长的运输距离不仅增加了运输时间和费用，还对供应链的稳定性构成了威胁。

（2）供应商分布比较广泛，因此货物在运输过程中经常要经历多次中转和装卸，这不仅增加了货物的破损风险，还产生了额外的费用。

（3）在运输方式的选择上，对于价值高、体积小但并不紧急的零部件采用航空运输，对于大宗原材料常常采用公路运输。

（4）部分紧急订单的运输时间过长，导致货物无法按时送到客户手中，进而影响了客户的生产进度和市场响应速度。

（5）在运输费用的控制上缺乏系统性的措施，导致整体运输成本居高不下，对企业的盈利能力造成了压力。

面对这些问题，A 物流公司亟须找到一套有效的解决方案，以优化运输流程，降低运输成本，提高运输效率，并最终提升客户满意度。

问题：

（1）影响 A 物流公司运输合理化的因素主要有哪些？

（2）针对问题（1）中的影响因素，提出具体的改进措施，以实现运输合理化，降低运输成本，提高运输效率。

2. 辽宁省积极响应国家生态文明建设的号召，积极推动交通运输领域向清洁低碳转型，并力争通过调整大型工矿企业的运输结构，促进多种运输方式的高效衔接，从而提升综合运输效率，实现物流运输领域的降本、提质、增效。

辽宁省出台了一系列旨在促进物流行业绿色转型与效率提升的政策措施。例如，省级多式联运示范工程的启动，为集装箱运输车辆提供了特定收费站的通行费减免优惠；降低了港口收费标准，并实施了铁路运价的下浮政策，激励企业采用更环保、更高效的运输模式。

推进“铁路专用线进企入园”项目。辽宁省大力推进铁路专用线的建设与改造工程，实现了企业产成品与原材料从工厂或园区门口直接接入铁路运输网络，显著提升了物流运输效率，还有效减少了公路运输的碳排放量，对环境保护产生了积极影响。

在运输模式的创新方面，推出“大连—营口铁矿石组合港”业务模式，成功整合了两大港口资源，实现了铁矿石运输的高效协同与流程优化。此外，铁路专用线共用业务的开展，进一步提高了铁路专用线的利用率与经济效益，为物流行业的发展注入了新的活力。

在推进标准化与规范化建设方面，辽宁省制定了一系列关于海铁联运关键设施设备的标准与规范，为物流行业的标准化作业提供了明确的指导与依据，有效提升了海铁联运的作业规范性与服务效率，为物流行业的可持续发展奠定了坚实基础。

问题：

（1）辽宁省在推动大型工矿企业运输结构优化方面采取了哪些主要措施？这些措施对辽宁省的交通运输领域产生了哪些积极影响？

（2）辽宁省在推动大型工矿企业运输结构优化的过程中可能面临哪些挑战？应如何解决？

拓展阅读

交通物流“链”动产业

每年春节前后，都是瓜子订单的高峰期。作为葵花产业大县，内蒙古自治区巴彦淖尔市五原县的瓜子原料供应和生产加工企业，已经进入24小时不间断生产状态。

“目前日均色选生产大约240吨瓜子，最高峰能达到330吨，国内主要发往河北、安徽、山东等省份，国外发往十七八个国家。”五原县某瓜子色选企业负责人介绍。

巴彦淖尔市的瓜子“出区达海”，离不开交通物流的有力支撑。2024年，内蒙古自治区“四横十二纵”综合交通主骨架建成率达84.3%，当地以服务实体经济、降低全社会物流成本为出发点，累计完成综合运输货运量25.1亿吨、货物周转量5 688.8亿吨公里，同比分别增长6%、5.9%。

（一）30条举措培育壮大市场主体

2024年，内蒙古自治区交通运输厅从壮大市场主体入手，围绕做强现有物流企业、组建多式联运经营人、发展新质生产力物流企业和供应链上下游融合型交通物流企业4条路径，制定了30条具体举措。同时，鼓励自治区内银行等金融机构为交通物流企业量身定制优质动产质押类贷款产品，多维度激发市场主体活力。

内蒙古自治区交通运输部门依托政企运平台，为交通运输企业找货源，为货源企业找配送，全年组织“双找”对接会26次，签订长期运输协议3 300万吨。“通过‘双找’对接机制，我们企业顺利对接到了货源企业，解决了创立前期货源不足的经营难题。”赤峰现代智慧物流有限公司总经理卢思名介绍。

（二）因地制宜提升运输组合效率

2024年11月13日，交通运输部公布了首批18项交通物流降本提质增效交通强国专项试点任务，其中内蒙古自治区参与的“畅通中蒙俄国际运输通道推进交通物流降本提质增效”“依托‘北粮南运’交通物流大通道推进降本提质增效”2项试点任务榜上有名。

因地制宜布局运输场景、不断提升运输组合效率，是内蒙古自治区降低物流成本的关键抓手。依托鄂尔多斯市长途大宗货物运输场景，内蒙古自治区开展“干线公铁联运+两端新能源绿色短倒”运输示范项目、自动驾驶编组模式运输示范项目；立足包头市电煤中短距离集疏运场景，内蒙古自治区推广“陆港+集装箱+新能源重卡”绿色化运输示范项目，包头智慧陆港运输效率显著提升。

过去的一年里，内蒙古自治区综合交通多式联运完成运单3.6万单、运量4 500万吨，形成了一批创新性强的改革成果。鄂尔多斯铁路多功能驮背运输车填补了国内驮背运输空白，甘其毛都口岸贯通首条跨境AGV（自动导向车）无人运输专用通道，通关效率和国际道路运输市场份额实现双提升。

（三）“蒙马智运”货运量突破1亿吨

随着人工智能、物联网等新一代信息技术与现代物流的深度融合，网络货运、智慧物流等新模式正为交通物流降本提质增效创造新的可能。

“‘蒙马智运’网络货运平台上线运营至今，业务已覆盖全区，辐射30个省、区、市，货运量突破1亿吨。”内蒙古交通集团相关负责人介绍。“蒙马智运”是该集团推出的数字物流综合平台，有“司机端”与“货主通”两个版本，既可以为司机提供货源、智能路线规划等服务，也可以帮货主进行便捷发货、监控运输，以技术手段整合了物流资源。

2024年，内蒙古自治区培育了2家5A级网络货运企业，全区135家网络货运企业共完成货运量2.6亿吨，交易额达164.2亿元，同比分别增长3.5倍、2.5倍。

内蒙古自治区交通运输厅党组书记、厅长高世勤表示：“物流业一头连着生产，一头连着消费，是实体经济的‘筋络’。今年我们将继续落实助企行动，持续培育壮大现代化交通物流领军企业。同时，规范发展网络货运，支持公铁空邮龙头骨干企业向多式联运经营人转型，持续推进交通物流降本提质增效。”

（来源：中国交通新闻网，有改动）

5G、大数据、人工智能，引领现代交通创新变革

现代交通不仅是人们出行的重要方式，还是国家经济社会发展的重要支撑。随着信息技术的不断发展和进步，5G、大数据和人工智能等新兴技术的应用为现代交通注入了新的创新元素，引领了现代交通的创新变革，带来了更高效、更智能的出行体验。

（一）5G技术：开启现代交通智能化、高效化新征程

相较于4G网络，5G网络具有更快的传输速度、更少的延迟和更大的容量，这为现代交通提供了更加稳定和快速的通信环境。

在车联网方面，5G网络的应用可以实现车辆之间的实时通信和数据共享，提升车辆的交通安全性和驾驶效率。例如，京张高铁作为世界首条智能高铁，采用北斗卫星导航系统和5G技术，实现自动驾驶、自动开门等功能。在自动驾驶方面，5G网络的应用可以实现车辆与路侧设施、其他车辆、行人等的实时互联互通，提供更加精准和安全的导航服务。

在城市交通管理方面，5G网络的应用可以实现交通信号灯的实时控制和调度，提升交通的通行效率和道路的通行能力。例如，上海建成全球智能化程度最高的洋山四期超大型自动化集装箱码头，利用5G技术实现集装箱码头无人化作业。

（二）大数据技术：为现代交通提供更全面、更准确的数据支持

通过大数据的分析和处理，交通管理部门可以获取更全面的交通流量信息和交通拥堵状况，实现对交通流量的预测和调度，提高交通的流畅性和安全性。

大数据技术可以帮助智能交通系统分析车流量、车速、拥堵程度等指标，预测交通拥堵和事故风险，优化路线规划和交通信号控制等，提升交通效率和安全性。例如，湖南高速、华为、拓维信息联合推出了“AI 收费稽核创新方案”，通过 AI 大数据分析，实现车辆路径还原、以图搜图、车辆异常分析、数据挖掘等功能，快速识别偷逃费行为，并形成完整的偷逃费证据链。

（三）人工智能技术：为人们带来更加智能化和人性化的出行体验

在自动驾驶技术方面，人工智能技术可以实现车辆的智能导航、自主驾驶和智能停车等功能，实现对驾驶的全面智能化控制。例如，在北京、深圳、天津等城市，基于高德打车数字化升级解决方案而进行的巡网融合项目已经落地，在满足人们出行需求的同时，降低了空驶率，增加了司机收入。在无人驾驶方面，人工智能技术可以实现车辆的感知、决策、控制等功能，提供更加安全和舒适的无人驾驶服务。例如，百度 Apollo 已经在多个城市开展无人驾驶出租车服务，为用户提供便捷和创新的出行体验。

未来，随着这些技术的不断发展和进步，现代交通的创新和进步也将不断推进，给人们带来更加便利和舒适的出行方式。

（来源：程讯前沿，有改动）

项目七

精准掌控，智慧配送达使命
——配送作业

知识概要

一、本项目思维导图

本项目主要介绍配送的概念、配送的基本原则、配送的分类、配送的作用、配送中心与物流中心、配送中心的分类、常见配送模式、配送作业流程、配送中心功能区域设计和岗位设置等内容，如图 7-1 所示。

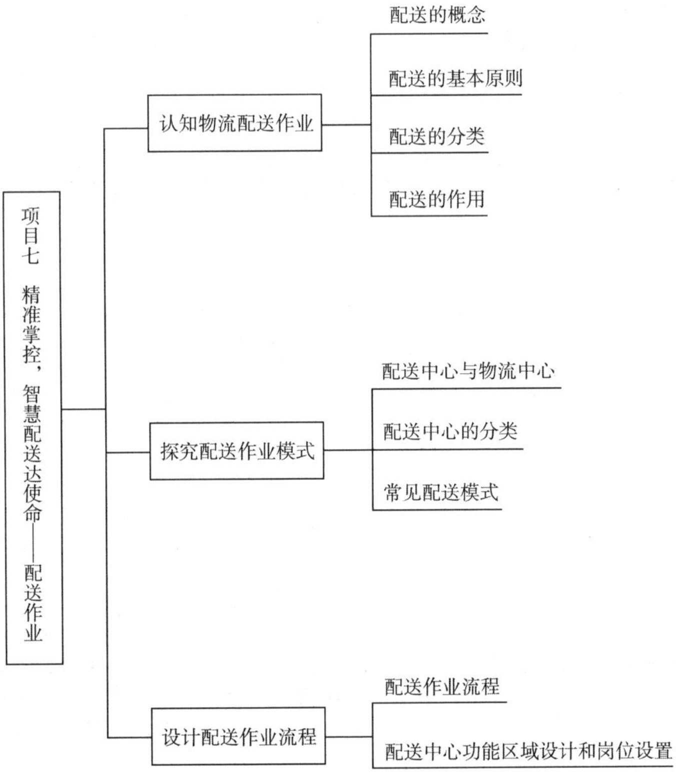

图 7-1　本项目思维导图

二、本项目重难点分析

本项目重难点包括配送的分类、配送中心的功能、配送中心的分类、常见配送模式的优缺点对比、配送作业流程和配送中心功能区域设计。

（一）配送的分类（表 7-1）

表 7-1　配送的分类

分类标准	类型	含义	特点
配送时间和数量	定时配送	按规定的时间间隔配送，如每隔数小时、数天、数月等配送一次。每次配送的品种和数量不固定，既可以按原计划执行，也可以按客户的要求重新安排	配送时间固定，既有利于配送部门制订工作计划，也有利于客户安排接货，是一种双赢的方式
	定量配送	每次按固定的配送品种和数量配送，配送时间不固定	对于配送部门而言，每次配送的品种和数量固定，备货较为简单、成本较低；对于客户而言，每次接货的数量固定，有利于提前规划储位和时间、准备好人力和物力等
	定时定量配送	按规定的配送时间、品种和数量配送	兼有定时配送和定量配送的优点，但因其特殊性强、计划难度大，故通常只适用于固定的客户，灵活性不足
	定时定路线配送	通过分析客户的分布状况，设计合理的运输路线，再根据运输路线安排时间表，并按时间表和规定的运输路线配送	配送部门便于安排车辆及驾驶人员；由于接货的地点和时间固定，客户可有计划地安排接货
	即时配送	将所需配送的货物在客户指定的时间以指定的数量送达指定地点的配送方式。不同客户对货物品种、数量、送货时间等要求可能不同	该配送缺乏计划性，适合零星货物、临时需要的货物和急需货物的配送。为了使配送更有计划性，可提前按预测结果制订计划，并做好相应的人力和物力准备
经营形式	销售配送	销售型企业为提高销售量和市场占有率而进行的促销型配送	以销售为目的，以配送为手段，随机性较强，计划性较差。大部分商店采用这种配送方式
	供应配送	企业为满足自身的生产需要而采用的配送方式，往往由企业或企业集团组建配送据点并集中组织大批量进货，然后向本企业或企业集团内若干子公司配送	能保证供应能力和供应水平，大型企业集团或联合公司通过大批量进货还可以获得优惠的价格，从而达到降低供应成本的目的。连锁企业广泛采用这种配送方式

续表

分类标准	类型	含义	特点
经营形式	销售–供应一体化配送	销售型企业在对需求基本稳定的客户进行销售的同时，还承担着供应职责，即销售型企业既是销售者，又是客户供应代理人	兼具销售配送和供应配送的特点，有利于形成稳定的供需关系，保持流通渠道畅通
	代存代供配送	客户把属于自己的货物委托给物流企业代存、代供或代订，然后由其组织配送	货物的所有权不发生变化，发生变化的只是货物的位置。物流企业仅从代存、代供中获取代理收益，不能获得销售货物的经营性利润
配送对象的种类和数量	单品种大批量配送	对于生产企业需求量较大的商品，由于单独一个品种或几个品种就可以达到较大的输送量，所以实行整车运输的配送方式	配送数量大，可实现大吨位车辆满载，运输效率高；同时，配送中心内部设置、组织、控制等工作也较为简单，整体物流成本较低
	多品种小批量配送	根据客户的要求，将所需的各种物品（每种物品的需求量不大）配备齐全，凑整装车后由配送据点送达客户	可满足客户需求的物品品类众多、单物品单次需求量小、购买频次多的配送需求
	配套成套配送	根据企业的生产需要，尤其是装配型企业的生产需要，把生产每一台（件）货物所需的全部零部件配齐，按照生产节奏定时送达生产企业的一种配送方式	在某种程度上产生了与多品种小批量配送相同的效果

（二）配送中心的功能

配送中心的功能包括集采功能、储存功能、分拣功能、配装功能、加工功能、送货功能和信息处理功能。

（三）配送中心的分类（表 7-2）

表 7-2　配送中心的分类

分类标准	类型	特点
经营主体	制造商主导型配送中心（M. D. C）	以制造商为主体。一般来说，这类配送中心只能为零售商配送制造商 100%生产制造的产品，从产品制造到成品贴码和包装等多个物流环节都容易控制，但难以满足零售商对多家产品的需要，是一种社会化程度较低的配送中心
	批发商主导型配送中心（W. D. C）	以批发商或代理商为主体。一方面，可使批发商通过集中采购获得规模效益，从而降低采购价格，节省物流成本；另一方面，可实现多品种一次送货，充分满足零售商的需求，是一种社会化程度较高的配送中心

续表

分类标准	类型	特点
经营主体	零售商主导型配送中心（R. D. C）	以零售商为主体。零售商发展到一定规模后，可以将库存货物集中存放于配送中心，由配送中心不断地向各零售店（如超级市场、百货商店、宾馆饭店等）送货，以减轻零售商的仓库压力。这类配送中心的社会化程度介于制造商主导型配送中心和批发商主导型配送中心之间
	专业型配送中心（T. D. C）	以第三方物流企业（含传统的仓储企业和运输企业）为主体。这类配送中心具有较强的运输能力和配送能力，拥有较具优势的地理位置，能按照供应商的要求迅速地将货物运送到指定地点，且物流设施的利用率高、成本低、服务范围广。该类型的配送中心的社会化程度较高
流通职能	供应型配送中心	配送的客户有限且稳定，属于企业型客户；服务对象主要是生产企业和大型商业组织；客户的配送要求比较确定；库存货物的品种比较固定，进货渠道也比较稳固；多采用效率较高的分拣式设施设备完成作业
	销售型配送中心	大体有两种类型：一种是生产企业为将自身产品销售给消费者而建，另一种是流通企业为扩大销售而建（我国目前拟建的配送中心多为该类型）；配送的客户属于消费者型客户，即客户一般不确定，并且客户数量多，每个客户购买货物的数量较少；库存货物的品种多，计划性较差；采用共同配送方式才能取得较好的经济效益
归属	自有型配送中心	属于企业或企业集团的有机组成部分，只服务于一家企业或企业集团内部各企业，通常不对外提供配送服务，一般不具备社会化的要求
	公共型配送中心	可为所有客户提供配送服务，以营利为目的，服务范围广
	合作型配送中心	由几家企业合作兴建并共同管理，多为区域型配送中心，辐射范围广
服务范围	区域型配送中心（R. D. C）	业务范围较广，辐射能力较强，客户数量较多，配送批量较大。这类配送中心往往是将货物配送给下一级的城市配送中心，虽然也从事零星的配送，但不是其主体形式
	城市型配送中心（C. D. C）	辐射能力较弱，但响应能力较强，在多品种、小批量、多频次配送方面占据优势

（四）常见配送模式的优缺点对比（表7-3）

不同种类、不同行业形态的配送中心，其服务对象、作业内容、设备类型、运营范围等可能完全不同。因此，在配送模式选择方面，也存在很大的差异。下面对自营物流配送模式、第三方物流配送模式、互用配送模式和共同配送模式这三种最常见的配送模式的优缺点进行分析。

表 7-3　常见配送模式的优缺点对比

类型	优点	缺点
自营物流配送模式	① 企业对供应链各个环节有较强的控制能力，确保企业长期获利；② 可以合理规划管理流程，节约费用；③ 可以实现零库存、零距离和零运营成本；④ 反应快速、灵活	① 一次性投资大，成本较高；② 规模较小的企业不适合采用此种模式，专业化程度低；③ 生产型企业缺乏物流经验，可能导致企业配送效率低下，管理难以控制
第三方物流配送模式	① 使企业核心功能集中于主业；② 减少企业库存，降低物流成本；③ 提升企业形象	① 企业将配送业务外包给第三方，不能直接控制物流职能；② 不能保证供货的准确和及时；③ 不能保证客户服务质量，不利于维护与客户的长期关系；④ 企业缺乏成功的配送经验，后期可能会放弃对物流专业技术的开发及配送中心的建设等
互用配送模式和共同配送模式	企业不需要投入较多的资金和人力，可通过互用配送系统、共享运输资源等方式扩大自身的配送规模和范围，提高配送效率，缩短配送周期，降低物流成本	① 需要企业有较高的管理水平及对相关企业的组织协调能力，如果管理不善，可能会出现配送延误、货物丢失等问题；② 由于该配送模式是基于契约关系建立的，因此合作双方可能会因利益分配、服务质量等问题而产生纠纷，影响合作的稳定性；在合作配送过程中，一旦某一方出现问题，就有可能对整个配送系统造成不良影响，需要合作双方共同承担风险

（五）配送作业流程

客户需求、货物特性、配送中心类型及所处的物流环境等不同，往往导致配送的作业项目和作业流程有所相同。

配送中心基本作业流程如图 7-2 所示。

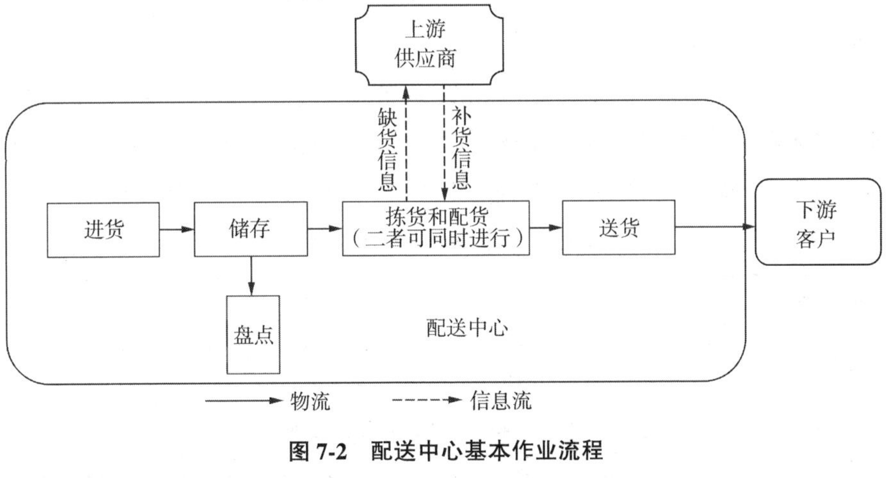

图 7-2　配送中心基本作业流程

食品类物品的配送作业流程如图 7-3 所示。

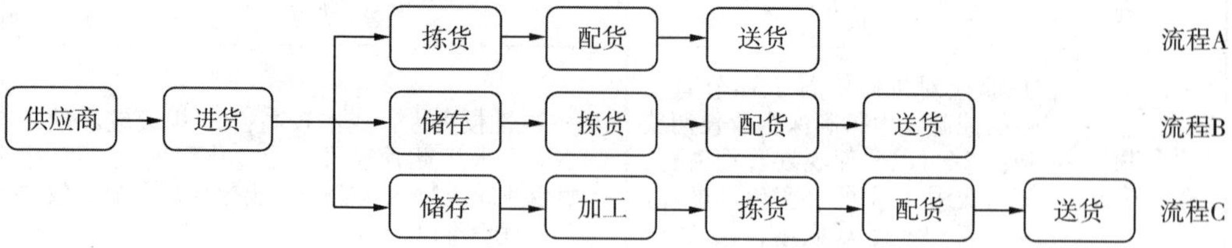

图 7-3　食品类物品的配送作业流程

（1）点心、散装饮料、酱菜熟食类食品的配送作业流程如图 7-3 中的流程 A 所示。

（2）酒、粮食、糖果、罐头类食品的配送作业流程如图 7-3 中的流程 B 所示。

（3）肉、蔬菜、水果类食品的配送作业流程如图 7-3 中的流程 C 所示。

大件家电、家具的配送作业流程如图 7-4 所示。

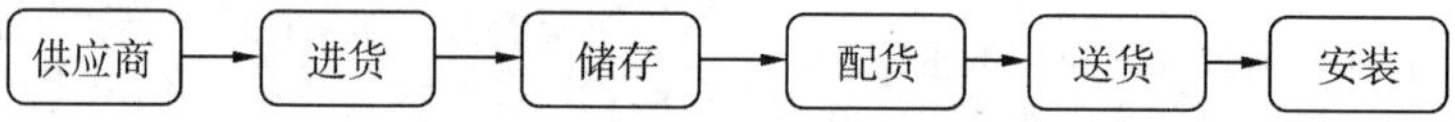

图 7-4　大件家电、家具的配送作业流程

长条形及板块状货物的配送作业流程如图 7-5 所示。

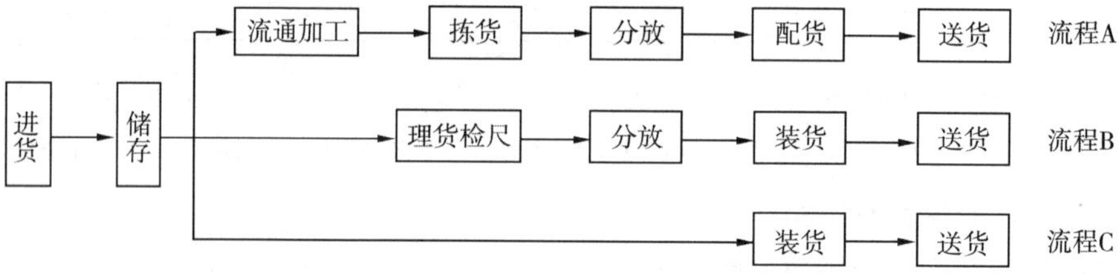

图 7-5　长条形及板块状货物的配送流程

（六）配送中心功能区域设计（表 7-4）

由于各建造企业的行业背景、市场定位及所配送物品的特性千差万别，从冷链物流处理生鲜果蔬到重型机械零部件的精准配送，对于每一个配送中心，从入库检验区到分拣包装区，再到出库装运区，都需要根据情况进行特定的区域设计。

表 7-4　配送中心功能区域设计

功能区域	具体内容
管理区	是配送中心内部行政事务处理、信息管理、业务洽谈、订单处理等的场所。一般位于配送中心的出入口
进货区	收货、验货、卸货、搬运和暂存货物的场所
理货区	对进货进行简单处理的场所。货物被区分为直接分拣配送货物、待加工货物、入库储存货物和不合格须清退货物，并被分别送往不同的功能区

续表

功能区域	具体内容
储存区	将暂时不必配送的货物作为安全库存进行保管和养护的场所
加工区	根据客户需求，对货物进行必要的生产型和流通型加工的场所
分拣配货区	发货前进行分拣、配装的场所
发货区	对货物进行检验、发货、代运的场所
退货处理区	存放进货时残损、质量不合格或过期等需要退回货物的场所
废弃物处理区	对废弃包装物（塑料袋、纸袋、纸箱、气柱袋等）、破碎货物、变质货物、加工残料等废料进行清理或回收利用的场所
设备存放及维护区	存放叉车、托盘等设备及对其进行维护（充电、充气、紧固等）工作的场所

三、本项目涉及的主要物流术语（表7-5）

表7-5 本项目涉及的主要物流术语

序号	物流术语	含义
1	配送	根据客户要求，对物品进行分类、拣选、集货、包装、组配等作业，并按时送达指定地点的物流活动
2	配送中心	具有完善的配送基础设施和信息网络，可便捷地连接对外交通运输网络，并向末端客户提供短距离、小批量、多批次配送服务的专业化配送场所

同步训练

一、单项选择题

1. 短距离、小批量送货上门的现代物流行业是（　　）。

A. 配送业　　B. 交通运输业　　C. 仓储业　　D. 流通加工业

2. 配送的基本功能包括（　　）。

A. 集货、分拣、配货、配载和送货

B. 集中、分类和散发

C. 集货、分拣、配货和送货

D. 集货、分拣、配载和送货

3. 一般送货可以是一种偶然行为的送货，而（　　）有确定的组织和确定的渠道，有一套设备和相关管理力量、技术力量。

A. 装卸　　B. 仓储　　C. 配送　　D. 即时配送

4. 配送中心的配送功能属于（　　）。

A. 辅助功能　　B. 核心功能

C. 基础功能　　D. 一般功能

5. （　　）具有运距短和反应快的特点，能进行多品种、小批量、多用户配送。

A. 储存型配送中心　　B. 城市型配送中心

C. 区域型配送中心　　D. 专业型配送中心

6. 工厂将整块牛肉分割成小块包装起来，属于配送业务中的（　　）环节。

A. 运输　　B. 储存　　C. 流通加工　　D. 客户服务

7. 在物流活动中，（　　）是最接近消费末端的环节。

A. 运输　　B. 仓储　　C. 包装　　D. 配送

8. 下列物品中，（　　）的配送除简单的分派运输以外，还涵盖送货上门、搬运、安装及售后维修等多个环节。

A. 衣服　　B. 空调　　C. 钢材　　D. 罐头

9. （　　）配送中心的经营规模与配送批量较大，其服务对象往往是下一级的城市配送中心、生产企业或零售商等。

A. 储存型　　B. 流通型　　C. 城市型　　D. 区域型

10. 按客户的要求，将所需的各种物品（每种物品的需求量不大）配备齐全，凑整装车后由配送据点送达客户，这种配送类型称为（　　）。

A. 多品种大批量配送　　B. 少品种大批量配送

C. 多品种小批量配送　　D. 定时配送

11. （　　）不是所有配送中心都必备的功能。

A. 分拣功能　　B. 集货功能　　C. 加工功能　　D. 送货功能

12. 为保证资源供应的稳定性和及时性，配送中心的首要功能应该是（　　）。

A. 采购　　B. 储存　　C. 集货　　D. 送货

13. （　　）功能是配送中心的核心功能。

A. 运输　　B. 采购　　C. 配送　　D. 流通加工

14. 以第三方物流企业（含传统的仓储企业和运输企业）为主体的配送中心是（　　）。

A. 制造商主导型配送中心　　B. 批发商主导型配送中心

C. 零售商主导型配送中心　　D. 专业型配送中心

15. 制造商主导型配送中心的英文简写是（　　）。

A. M. D. C　　B. W. D. C　　C. R. D. C　　D. T. D. C

16. 批发商主导型配送中心的英文简写是（　　）。

A. M. D. C　　B. W. D. C　　C. R. D. C　　D. T. D. C

17. （　　）是指销售型企业为提高销售量和市场占有率而进行的促销型配送。

A. 销售配送　　B. 供应配送

C. 销售-供应一体化配送　　D. 代存代供配送

18. （　　）是指企业为满足自己的生产需要而采用的配送方式，往往由企业或企业集团组建配送据点并集中组织大批量进货，然后向本企业或企业集团内若干子公司配送。

A. 销售配送　　B. 供应配送

C. 销售-供应一体化配送　　D. 代存代供配送

19. 城市型配送中心的英文简写是（　　）。

A. M. D. C　　B. C. D. C　　C. R. D. C　　D. T. D. C

20. （　　）配送中心，其功能以储存为主，以尽可能降低其服务对象的库存为主要目标，须具有较强的库存调节能力，因此在建设中应规划较大规模的仓储空间和设施。

A. 仓储型　　B. 流通型　　C. 加工型　　D. 专业型

二、多项选择题

1. 下列配送中心，拥有物品所有权的有（　　）。

A. 制造商主导型配送中心　　B. 批发商主导型配送中心

C. 零售商主导型配送中心　　D. 专业型配送中心

2. 配送中心的基本作业流程有（　　）。

A. 订单处理　　B. 进货　　C. 搬运　　D. 送货

3. 下列货物中，配送的计划性不强，通常采用即时配送方式的有（　　）。

A. 大件家电　　B. 家具　　C. 肉类　　D. 粮食类

4. 下列关于配送的理解，正确的有（　　）。

A. 配送的实质是送货

B. 配送是现代送货

C. 配送是“配”和“送”有机结合的形式

D. 配送是市场经济形式

5. 若按照流通职能分类，则属于该分类的配送中心有（　　）。

A. 供应型配送中心　　B. 销售型配送中心

C. 专业型配送中心　　D. 城市型配送中心

6. 进行配送中心功能区域设计时，需要考虑（　　）。

A. 分拣配货区　　B. 退货处理区

C. 设备存放及维护区　　D. 月台

三、判断题

1. 为了满足客户小批量、多批次订货的要求，配送中心大量购进商品后，还需要对其进行流通加工处理，如将大包装改为客户需要的小包装。 (　　)

2. 配送中心可以帮助连锁企业实现配送作业的规模经济，减少流通费用。 (　　)

3. 城市型配送中心的辐射能力较弱，配送的品种多、批量小。 (　　)

4. 由几家企业合作兴建并共同管理的配送中心称为公共型配送中心。 (　　)

5. 配送中心最重要的功能是分拣配送。 (　　)

6. 美国沃尔玛的配送中心由其独资建立，专门为本集团所属的连锁店提供商品配送服务，这属于自用型配送中心。 (　　)

7. 配送的实质是送货。 (　　)

8. 定时定量配送是指通过分析客户的分布状况，设计合理的运输路线，再根据运输路线安排时间表，并按时间表和规定的运输路线配送。 (　　)

9. 零售商主导型配送中心只能为零售商配送某家生产企业的产品，难以满足零售商对多家产品的需要，是一种社会化程度较低的配送中心。 (　　)

10. 大件家电、家具大多属于体积、质量相对较大的耐用消费品，这类货物配送的计划性不强，通常采用即时配送方式。 (　　)

11. 一般来说，配送中心首先需要采购所有的配送商品。 (　　)

12. 制造商主导型配送中心的物品 100% 由制造商自身生产制造。 (　　)

13. 专业型配送中心只提供储存管理和运输配送服务，对商品不具有所有权。 (　　)

14. 配送中心作为现代供应链管理中一种新兴的经营管理形态，其独特之处在于灵活多变的功能区域设计与岗位设置。 (　　)

15. 配送的送货通常是一种短距离、小批量、多频次的市内汽车运输形式。 (　　)

四、材料分析题

1. A 生鲜配送中心主要为城市内的超市和便利店提供服务。由于生鲜食品的保质期短，配送中心采用了“定时配送”模式，每天在固定时间将生鲜食品配送到各个客户点。为了提高效率，配送中心还根据客户订单的集中程度，采用“共同配送”模式，将多个客户的订单合并配送，以降低运输成本。此外，配送中心引入了冷链技术，确保生鲜食品在运输过程中的新鲜度。

A 生鲜配送中心的流程优化还包括：

（1）库存管理：通过精准的库存预测和管理，减少库存积压和缺货现象。

（2）分拣系统：采用自动化分拣设备，提高分拣效率和准确性。

（3）客户反馈机制：建立客户反馈系统，及时处理客户投诉和建议，优化服务。

通过这些措施，A 生鲜配送中心在保证生鲜食品新鲜度的同时，显著提高了配送效率和服务质量，客户满意度大幅提升。

问题：

（1）根据上述案例，从配送类型模式来看，“定时配送”和“共同配送”的优点分别是什么？

（2）请简述 A 生鲜配送中心是如何通过优化配送流程来提高配送效率的。

2. 某城市物流配送系统包括三种类型的配送中心，以满足不同客户的需求。

（1）区域型配送中心：服务于整个城市的大型超市和连锁店，负责大量商品的集中配送。这些中心通常位于城市的交通枢纽附近，便于货物的快速进出。

（2）城市型配送中心：服务于城市内的中小型零售商，提供多频次、小批量的配送服务。这些中心分布在城市的不同区域，能够快速响应客户需求，确保商品及时送达。

（3）社区型配送中心：服务于社区内的便利店和居民，提供“最后一公里”的配送服务。这些中心通常与快递公司合作，将商品直接送到消费者手中，注重时效性和服务质量。

为了提高配送效率，配送中心优化了库存管理和配送路线规划，确保将商品高效、及时地送到客户手中。此外，配送中心还引入了智能仓储管理系统，通过大数据分析优化库存布局，减少库存积压和缺货现象。同时，配送中心还加强了与供应商的合作，提前锁定库存，确保商品供应的稳定性。通过这些措施，配送中心在提高效率的同时提升了客户满意度。

问题：

（1）按照配送距离从远到近的原则，请对上述材料中提到的三种类型的配送中心进行排序。

（2）不同类型的配送中心在配送流程上有哪些不同？

拓展阅读

即时配送“跑”向万亿元大市场

点外卖、用闪送、叫“跑腿”……一键下单，即刻送达。近年来，我国即时配送行业快速崛起。相关数据显示，2023 年我国即时配送订单量达到 420 亿单，配送用户规模逾 7 亿人次……

即时配送，市场有多大？2013 年，美团外卖正式上线；2014 年，达达、闪送等诸多企业成立；2019 年，蜂鸟即配、顺丰同城急送品牌相继独立……近年来，即时物流平台数量不断增加，助力即时配送加速奔跑。

承载品类更广。随着消费者生活节奏的加快，即时配送从以餐饮外卖为主向日用百货等多元品类发展。相关数据显示，2024 年，一家平台出售的果切、花束、数码家电等商品同比显著增长，助推日均单量破千万。

覆盖时段更全。伴随多元品类需求被挖掘，即时配送的潮汐性特征减弱，订单曲线持续平滑。京东旗下的达达秒送平台，从 2019 年到 2024 年，日均夜间时段配送订单占比从 18%上涨至 23%，订单结构向全时段迈进。

下单场景更多。从生鲜直达、节礼即配到“跑腿”排队、会签代办，即时配送服务场景更加丰富、边界不断拓展。2025 年春节假期，顺丰同城全场景总单量同比增长 72%，行业市场潜力进一步释放。

跑出来的市场日益壮大，为经济社会发展提供助力。

（一）延展消费时空，形成消费增量

以即时配送体系为基础的新兴业态即时零售，为促进消费注入强劲动能。商务部国际贸易经济合作研究院相关报告显示，自 2018 年以来，即时零售行业的年均增长速度超过 50%，2023 年我国即时零售规模达到 6 500 亿元，同比增长近三成，预计 2030 年将超 2 万亿元。

（二）创造全新岗位，拓宽就业渠道

自即时配送行业诞生以来，它为社会提供了大量灵活就业岗位，就业“蓄水池”价值凸显。2020 年，“网约配送员”被纳入国家职业分类目录，正式成为新职业。相关报告显示，外卖员平均月收入水平接近 7 000 元。在美团平台上，外卖骑手数量从 2019 年的 399 万人增至 2023 年的 745 万人，年均增幅保持两位数。

（三）打造便民生活圈，增进民生福祉

在秒送专区下单，药品经过审核后由达达秒送骑手配送，最快 9 分钟便能送到消费者手中。依托智能分发系统，订单与骑手实时匹配，畅通了本地短途物流，让城市生活更加便捷。

（来源：《人民日报》，有改动）

无人快递送入千家万户

“空中快递员”上岗，“地面快递员”增岗。2024 年 4 月，中通快递上线智驾无人车运营平台，直连 40 多个城市超 100 个网点，监管在用无人车超过 200 辆；5 月，北京邮政在顺义区探索使用无人车进行邮件盘驳，往返约 30 千米，可装超 500 个包裹；6 月，韵达快递无人车在促销旺季投入使用，与快递小哥“人机携手”，配送效率提高超三成。

“近年来，邮政快递业创新发展呈现出良好势头，有力支撑业务量持续攀升。”国家邮政局有关负责人表示，无人机、无人车、无人仓等设施装备加速落地，5G、人工智能等新技术不断融入揽收、分拣、运输等各个环节，有效促进了行业自动化迭代、信息化革新、数智化升级，也更好地满足了人民群众的物流需求。

相关数据显示，截至 2024 年 9 月 29 日，2024 年全国快递业务收入突破 1 万亿元，较 2023 年提前近一个半月。

“今年以来，邮政快递业加快数智化发展，新动能新优势不断形成。”国家邮政局有关负责人表示，随着需求的日益增长、企业的积极布局和公众接受度的不断提升，无人技术在自主导航、智能控制、智能避障等方面取得重大进展，市场潜力还将进一步释放。

技术创新让企业能够快速响应市场需求。“经过多年发展，无人机具备了更好的飞行稳定性、更长的续航时间、更强的定位能力和更高的载荷水平，能够胜任快速、准确、安全的物流配送任务。”美团无人机业务负责人说，目前美团已初步完成飞行器、自动化机场及智能调度系统的研发工作，让多场景、多天候的大规模无人机配送成为可能。

顺丰投用冷链无人车，提供24小时运力，实现生鲜水果的高效转运；美团将即时零售无人配送服务向社区、景区、公园、校园等多种场景延展，可为用户配送9.2万种商品；中通推出“无人机+无人车”联合配送，整体配送时间较传统模式缩短一半……面对新技术带来的新机遇，快递物流企业加快探索新场景、形成竞争新优势，助力无人快递更加普遍。

据悉，下一步国家邮政局将出台“人工智能+邮政快递”实施意见，并开展人工智能技术应用试点及研发中心认定，将数字化和智能化触角更充分地延伸到收转运派各环节，有效提高全要素生产效率，推动无人快递加速进入千家万户。

（来源：《人民日报》，有改动）

项目八

科技引领，智慧物流显身手——信息处理

知识概要

一、本项目思维导图

本项目主要介绍物流信息的定义、特点，物流信息技术的定义、特点和发展趋势，常见物流信息系统等内容，如图 8-1 所示。

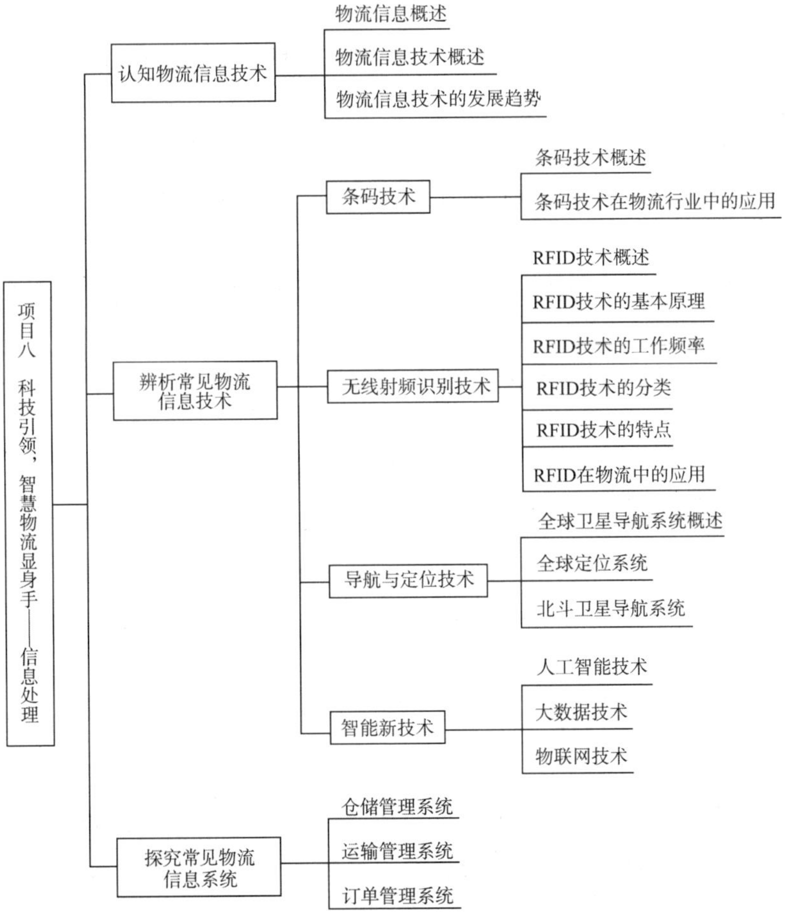

图 8-1　本项目思维导图

二、本项目重难点分析

本项目重难点包括物流信息技术的定义和特点，物流信息技术的发展趋势，条码的种类和条码技术的优势，无线射频识别（RFID）系统的组成和特点，北斗卫星导航系统的组成、特点和应用，仓储、运输、订单管理系统的功能。

（一）物流信息技术的定义和特点

物流信息技术是指应用于物流领域的信息技术，它是建立在计算机、网络通信技术平台上的各种技术，包括硬件技术和软件技术，如计算机技术、网络技术、信息分类编码技术、条码技术、射频识别技术、电子数据交换技术、全球定位系统（GPS）、地理信息系统（GIS）、物联网技术、大数据技术、云计算技术、人工智能技术及其他相关技术，如磁条技术、声音识别技术、视觉识别技术等。

物流信息技术的特点主要体现在自动化、集成化、网络化、智能化、实时性、可视化、标准化和安全性等方面。这些特点使得物流信息技术在现代物流体系中发挥着越来越重要的作用，推动了物流行业的快速发展。

（二）物流信息技术的发展趋势

物流信息技术的发展呈现出智能化、数字化、自动化、集成化、绿色与可持续发展的趋势。具体来讲，物联网技术的发展将实现物流信息的全面智能化；大数据和云计算技术的应用将使物流行业实现信息化、智能化和高效化；自动化设备和系统的应用将进一步减少人工操作，提高物流作业的效率和准确性；通过对各个物流环节的信息进行集成处理，构建一体化的物流信息系统，可以实现信息的共享和协同，提高物流作业的整体效率；随着环保意识的增强，绿色物流将成为物流信息技术发展的重要方向。

（三）条码的种类和条码技术的优势

1. 条码的种类（表 8-1）

表 8-1　条码的种类

序号	分类标准	主要种类
1	形成空间	一维条码、二维条码和复合码
2	码制	通用产品代码（UPC）、欧洲商品编码（EAN）、39 码、库德巴码
3	字符个数固定与否	定长条码、非定长条码

2. 条码技术的优势

条码技术作为现代物流体系的重要组成部分，发挥着不可替代的作用，具有高效、准确、灵活、经济的优势。条码技术的应用不仅提高了物流系统的效率和准确性，还促进了物流行业的信息化和智能化发展。

（三）无线射频识别系统的组成和特点

RFID系统由阅读器、电子标签和应用系统组成，具有无须接触、识别速度快、数据容量大、安全性高、穿透性强、可重复使用等特点。

（四）北斗卫星导航系统的组成、特点和应用

北斗卫星导航系统由空间段、地面段和用户段三部分组成，具有高精度定位、短报文通信、实时位置共享、服务可靠稳定、自主创新能力强的特点。在航空航天、海洋探索、陆地交通、电力通信、物流运输、公共安全等领域有较多应用。

（五）仓储、运输、订单管理系统的功能（表8-2）

表8-2　仓储、运输、订单管理系统的功能

序号	系统	功能模块
1	仓储管理系统（WMS）	供应链管理、库存管理、作业管理、数据分析
2	运输管理系统（TMS）	订单管理、运输计划与优化、车辆调度与跟踪、运输成本管理、货物追踪与可视化、承运商管理、文档管理、数据分析与报告、系统集成
3	订单管理系统（OMS）	订单处理和跟踪、库存管理、多渠道销售支持、客户体验优化、企业决策助力、系统集成、在线对账与费用管理

三、本项目涉及的主要物流术语（表8-3）

表8-3　本项目涉及的主要物流术语

物流术语	含义
物流信息	反映物流各种活动内容的知识、资料、图像、数据的总称

同步训练

一、单项选择题

1. 条码的研究始于（　　）。

A. 美国　　B. 日本　　C. 法国　　D. 德国

2. 目前较常用的（　　）码制有EAN、UPC、25码、库德巴码、39码、128码等。

A. 一维条码　　B. 二维条码　　C. QR码　　D. 储运单元码

3.（　　）是一套基于运输作业流程的管理系统，一般含有系统管理、信息管理、运输作业管理、财务管理四大功能模块。它是优化运输模式，寻求最佳运输路线的有效工具。

A. WMS B. TMS C. CAPS D. EDI

4. 下列属于条码的优越性的是（ ）。

A. 价格昂贵 B. 可靠准确

C. 自由度低 D. 不易于制作，难于印刷

5. 总体而言，RFID 技术已经逐步发展成为一个（ ）专业领域。

A. 独立的、跨学科的 B. 独立的、单学科的

C. 附属的、跨学科的 D. 附属的、单学科的

6. RFID 技术是一种（ ）自动识别技术，它通过射频信号自动识别目标对象来获取相关数据。

A. 非接触式 B. 分离式 C. 零距离式 D. 接触式

7. 二维条码的特点不包括（ ）。

A. 成本低、易制作、持久耐用

B. 高密度编码，信息容量小

C. 编码范围广

D. 可引入加密措施，保密性、防伪性好。

8. （ ）技术的起源可以追溯到 1950 年艾伦·图灵提出的图灵测试。

A. RFID B. 人工智能 C. 大数据 D. 物联网

9. 下列属于我国自主建设的导航技术的是（ ）。

A. GPS B. GIS C. BDS D. RFID

10. “小丰”智能耳机以语音识别技术为核心，结合 TTS 语音播报、语音语义理解能力，将收派员日常终端手动操作语音指令化，语音唤醒“小丰”后，即可发送语音指令，以此解放收派员的双手，将日常拨打电话、转单、查单等高频操作由 8—10 步手动操作减为 1 步语音指令，大幅提高工作效率，完善收派端作业的数据采集，推动业务的数字化转型。该场景应用的智慧物流技术是（ ）。

A. 自动识别技术 B. 数据挖掘技术

C. 人工智能技术 D. GIS 技术

11. 下列不属于“货到人”拣选方式的是（ ）。

A. Miniload 拣选方式 B. 多层穿梭车拣选方式

C. 类 Kiva 机器人拣选方式 D. 电子标签拣选方式

12. 数字孪生技术具象化的最佳表现形式是（ ）。

A. 仿真 B. 统计 C. 分析 D. 系统化

13. 下列不属于物流信息的特点的是（ ）。

A. 物流信息量大、分布广 B. 物流信息动态性、时效性强

C. 物流信息来源多 D. 物流信息趋于社会化

14. 在物流仓储管理中，下列技术中能够实现货物信息的自动识别与批量采集，

且无须人工逐一扫描条码的是（ ）。

A. 条码技术　B. 近场通信（NFC）技术

C. 射频识别（RFID）技术　D. 全球定位系统（GPS）

15. 利用导航卫星进行测时和测距，能够计算出地球上任何地方的用户所处方位的卫星导航系统是（ ）

A. GIS　B. GPS　C. EDI　D. RFID

16.（ ）是电子标签与阅读器之间传输数据的发射、接收装置。

A. 天线　B. 信号接收机　C. 信号发射机　D. 编程器

17. 当前广泛使用的无源 RFID 系统还没有非常可靠的安全机制，无法对数据进行很好的保密，RFID 数据容易受到攻击等表明了 RFID 的发展存在（ ）问题。

A. 标准　B. 成本　C. 技术　D. 安全

18. 人工智能的英文全称是（ ）。

A. Artificial Intelligence　B. Art Intelligence

C. People Smart　D. Artificial Intell

19.（ ）是物流中心配送系统的首要模块。

A. 入库管理　B. 出库管理　C. 派车管理　D. 库存管理

20. 一个完整的集成 GIS 智能配送系统一般可以实现的功能，除车辆和货物跟踪、信息查询、模拟决策以外，还有（ ）。

A. 入库定位监控　B. 客户概况分析

C. 运输路线规划　D. 快速识别

二、多项选择题

1. 条码可以标出商品的生产国、制造厂家、名称、生产日期，图书分类号，邮件起止地点、类别、日期等信息，因而在（ ）等许多领域都得到广泛的应用。

A. 商品流通　B. 图书管理　C. 邮政管理　D. 银行系统

2. 物流信息系统的硬件包括（ ）。

A. 计算机　B. 信息收集处理系统

C. 网络通信系统　D. 报告生成系统

3. 目前，全球卫星导航系统（GNSS）主要包括（ ）。

A. 美国全球定位系统　B. 俄罗斯“格洛纳斯”系统

C. 欧洲“伽利略”系统　D. 中国“北斗”系统

4. 北斗卫星导航系统由（ ）构成。

A. 空间段　B. 地面段　C. 用户段　D. 地下段

5. WMS 系统的作用包括（ ）。

A. 提高仓储作业效率　B. 促进仓储管理与作业模式的变革

C. 实现库存准确率100%　　　　　D. 降低人员效能

6. 人工智能技术在（　　）领域得到很好的应用。

A. 智能制造　　B. 医疗　　　　　C. 自动驾驶　　　　D. 智能家居

三、判断题

1. 物流信息技术依托网络技术发展而来。在得益于网络技术高速发展带来的巨大优势的同时，它也时刻面临着可能遭受的安全危机。（　　）

2. 条码是将宽度相等的多个黑条和空白，按一定的编码规则排列，用以表达一组信息的图形标识符。（　　）

3. 物流信息是物流各个子系统、各个作业环节生成的信息集合。（　　）

4. EAN-13 的编码，必须遵循唯一性、永久性、无含义原则。（　　）

5. 物流信息系统是用于企业物流管理的信息系统，是物流信息管理的信息化支撑平台。（　　）

6. 条码能够广泛应用，得益于条码标准的统一。（　　）

7. 我国高速公路上的 ETC 通道，使用了无线射频识别技术。（　　）

8. 物流信息伴随着其他物流职能的运行而产生，对其他物流职能及整个物流起着支撑保障的作用。（　　）

9. 出库管理是物流中心配送系统最重要、最核心的模块之一，重点在于降低出库的成本。（　　）

10. 广义的物流信息不仅起到连接生产厂家、批发商、零售商、消费者的整个供应链的作用，而且在现代信息技术的基础上能实现整个供应链活动的效率化。（　　）

11. 光笔是一种手持接触式条码阅读器，它只能在比较平坦的表面上阅读指定密度的打印质量较好的条码。（　　）

12. 激光阅读器的唯一缺点是价格相对较高，但如果从购买费用与使用费用的总和计算，与电荷耦合器件（CCD）阅读器并没有太大的区别。（　　）

13. 从广义范围来看，物流信息是指与物流活动，如运输、储存、包装、流通加工等有关的信息。（　　）

14. GIS 技术可以采集、管理、分析和输出多种地理信息，具有空间性和动态性。（　　）

15. 多品种、少量生产和高频度、小批量配送使库存、运输等物流信息大量增加。（　　）

四、材料分析题

1. 自京东的无人配送车在北京海淀区京东上地配送站上路之后，美团也紧跟其后，发布了自己的无人配送车。“无人配送的落地，会带来技术挑战。但其中最大的挑战是将技术与商业、用户体验有效结合，这也是我们推出无人配送开放平台的原因。”美团相关负责人说。

美团希望通过无人配送开放平台，构建一个完整的产业生态圈，通过开放自身多重场景与能力，联合各界合作伙伴，共同打通无人配送在“产学研用”全生命周期链上的关键环节。美团所说的开放平台，主要是指与无人配送企业的合作。据了解，优地机器人、九号机器人、蜗小白、AutoX（安途——中国无人驾驶品牌）、深兰科技（小蚂哥）等均已加入美团的开放平台，服务范围覆盖了酒店、餐馆、医院等众多日常生活服务场景。

然而，无人配送并不能真正代替人工。“未来很长时间内，都会是人车混送的方式。”美团自动车配送部总经理表示，无人配送车是对骑手的有效补充，它可以持续工作，比如承担更多夜间配送工作；而骑手更为灵活，可以处理一些较为复杂的场景，骑手与无人配送车可以发挥各自的优势，提高效率与优化用户体验。

在流量增速放缓的背景下，如何维持现有市场、提升用户体验成为各大平台面临的新问题。提高“最后一公里”的配送效率也就成为其中的重要一环。随着无人配送车技术的逐渐成熟，平台将需要大量的维护人员，此时各地的部分骑手可以很快转化为无人配送车运营团队，与无人配送落地无缝衔接。在美团的业务生态中，占比高达62%的外卖业务是美团流量的重要来源。因此，服务好这部分客户，也就意味着保住了流量。

问题：

（1）如何理解美团构建的无人配送产业生态圈？

（2）结合个人认识，请谈一谈无人配送技术的应用前景。

2. 天津港作为我国北方国际航运中心和国际物流中心的核心载体，是世界十大港口之一，也是中国北方首个货物吞吐量突破2亿吨的大港。区域合作的深化、经济发展的互动、建设国际物流中心的目标要求天津港的现代物流信息化建设必须向更高层次的物流中心迈进，坚持运用信息技术、网络技术促进港口现代化管理，提高港口的综合能力和国际、国内竞争能力，构建融商流、物流、信息流、资金流的流通功能为一体，高效、便捷、完善的现代物流信息系统。目前，天津港已建成内部的信息化办公系统，可进行快速统计、库场图形化展示、GPS/GIS定位；电子数据交换中心可与船舶代理、船务公司、码头和海关、商检等政府监管部门进行数据交换；外部的门户网站已建成，进行信息发布、宣传，并可对各种港口业务信息进行查询。

但是，天津港港口物流服务尚处于发展初期，还缺乏能适应航运交易、货品交易、金融结算、数据传输、文件传送等社会化信息服务要求的信息网络；缺乏具有较强组织协调能力和相当服务规模的经营主体及大规模、集中发展相关物流业的合理空间；现有相关系统功能单一、规模偏小、服务层次较低、系统化的物流服务能力欠缺。

根据天津港、天津港保税区和天津电子口岸等物流枢纽的建设需求，为满足其对外部信息交换服务的功能定位，需利用先进的现代物流技术对港口、船务公司、集装箱堆场、外轮理货、船舶代理、海关、海事局等参与方的信息资源进行优化整合，为用户提供信息互动和信息共享的公共应用平台，即天津港数字物流信息系统，以实现电子报关、网上托管、国际中转审批等一系列功能。天津港物流信息平台的建设已成为当务之急。

问题：

（1）你认为天津港物流信息平台应由哪几部分构成？

（2）物流信息平台的建设将对天津港物流发展起到哪些重要作用？

拓展阅读

智慧物流引领行业升级

2024 年 10 月，交通运输部发布的《加快建设交通强国报告（2023）》，总结了我国加快建设交通强国取得的新进展：综合交通网络结构持续优化，新型载运工具研发持续突破，交通智能化信息化持续升级，交通运输领域清洁低碳转型加快推进，“一带一路”交通互联互通高质量发展稳步推进。我国智慧物流领域蓬勃发展，稳中向好。

智慧物流具有连通性强、融合度高、经济成本低、运行效率高、生态效益好等显著优势。近年来，我国智慧物流在多个方面取得明显成效。比如，开发多式联运新模式，创新“港口+内陆港”等，促进提质降本增效。又如，扩大快递网点覆盖面，加速城乡经济循环。截至 2024 年，快递网点覆盖率已达 98%，基本实现“县县有分拨、乡乡有网点”。此外，还有一些地方通过构建“海陆空铁”四港联动体系，加强了与上海合作组织及共建“一带一路”国家的联系，有力促进了区域经济合作与发展。

一系列政策的出台与落实，为促进智慧物流发展提供了有力支撑。《“十四五”现代物流发展规划》提出，构建“四横五纵、两沿十廊”物流大通道，推动现代物流实现由大到强转变。据此，多部门陆续发文，为智慧物流的发展提供保障和支持。国家发改委推动加强物流统计监测工作，为智慧物流发展提供可靠依据；交通运输部落实《推动大规模设备更新和消费品以旧换新行动方案》，强化智慧物流发展的设备基础；财政部提供资金支持，引导交通基础设施数字化转型。物流行业技术创新升级，推动了行业降本增效，为经济高质量发展注入动力。

目前，智慧物流快速发展仍存在资金投入不足、智能化技术应用不充分、统一技术和数据标准缺失、物流应急机制不健全、绿色物流发展较为迟缓等问题。为了推动物流行业转型升级，加速智慧物流发展，让智慧物流引领行业未来发展，需要从以下三个方面着力：

一是优化政策环境，提供更强法律保障。加快制定和完善行业标准，建立统一的信息平台，便于各企业之间数据共享和系统对接。持续加大对智慧物流的资金投入，设立专项基金支持创新项目，缓解企业资金周转问题。地方政府应根据自身特点，制订符合本地实际的智慧物流发展规划，促进当地的物流业与制造业企业间的联动融合，形成风险共担、利益共享的发展格局。此外，还需做好智慧物流应急预案，提高重大自然灾害等紧急情况下物流对经济社会运行的保障能力。

二是加大企业科技投入，提升自主创新能力。企业应抓住智慧物流产业链升级改革的机遇，加大对智能化技术的投资力度，提高内部运营效率，进一步降低物流成本。与供应链上下游企业建立紧密合作关系，共享资源和信息，提高整体物流效率，促进规模经济效益提升。积极与高校、科研机构合作，培养更多专业人才，提升对智能化技术和数据分析的理解与应用能力。广泛参与行业协会，分享成功经验和技术，促进行业的整体提升。

三是增强消费市场活力，促进绿色物流发展。建立健全消费者反馈机制，及时了解用户体验和需求变化，并对消费者反馈数据进行分析，有针对性地改进服务和产品，提高客户整体满意度、认可度。加强信息安全保障，确保消费者个人信息和交易数据安全，增强消费者对智慧物流的信任。提供物流过程中碳排放信息，增强消费者的环保意识，促进绿色物流发展。开展智慧物流倡导活动，提升公众对智能配送服务的关注度和接受度，推动物流市场健康发展。

（来源：《经济日报》，有改动）

政策暖风频吹　企业竞逐低空物流赛道

国家邮政局官网消息显示，2025 年 2 月 6 日，国家邮政局召开局长办公会议。会议强调，要加大科技成果转化应用力度，持续推进国家邮政快递枢纽和“绿盾”工程等建设、人工智能和低空物流等规模化发展，赋能行业高质量发展。

深度科技研究院院长张孝荣表示，上述表态将为低空物流的发展带来多方面积极影响，有望推动更多奖励补贴、税收优惠措施出台，为低空物流市场的高质量发展提供有力保障。

低空物流是指利用无人机等航空器在低空空域进行货物运输的新型物流方式。它突破了传统地面物流的局限，具备快速高效、调度灵活等优势。低空物流是低空经济的重要组成部分。2021 年 2 月，中共中央、国务院印发了《国家综合立体交通网规划纲要》，将“低空经济”纳入国家规划，为后续低空物流的发展提供了必要的政策引导。

受访专家普遍表示，经过多年积累，我国低空物流市场目前已进入快速发展阶段，且呈现出以下特点：政策利好频出、技术和产品不断创新、市场竞争日益激烈。

2024 年 11 月，中共中央办公厅、国务院办公厅印发的《有效降低全社会物流成本行动方案》提出，推广无人车、无人船、无人机、无人仓及无人装卸等技术装备。同月，交通运输部、国家发改委联合印发的《交通物流降本提质增效行动计划》提出，积极发展无人机配送等商业化应用。诸多增量政策的出台，为低空物流的发展指明了方向，提升了市场对相关技术、产品的认知度与接受度。

无人机、eVTOL（电动垂直起降飞行器）等低空飞行器持续迭代更新，为低空物流市场的长远发展提供了重要支撑。萨摩耶云科技集团首席经济学家郑磊表示，当前，低空飞行器正朝着更安全、更智慧、更高效的方向发展，以满足不同场景下的配送需求。

在政策支持等多种因素的共同作用下，低空物流市场发展不断取得新成果。

2025 年 1 月 23 日，宜昌市首条低空物流航线开通；1 月 18 日，粤港澳大湾区低空物流航线——“中国邮政海珠区大宗邮件处理中心至天河区智慧政务运营中心，无人机城市运邮航线常态化商业运营‘第一飞’”启动仪式在广州市越秀区举行；1 月 15 日，贵州省第一条低空物流航线（无人机医药场景配送）在贵阳市修文县首飞成功。

业内普遍看好低空物流市场前景。2024 年 12 月 27 日发布的《2024 中国低空物流发展报告》显示，低空物流市场规模预计将在 2025 年达到 1 200 亿元至 1 500 亿元，到 2035 年有望达到 4 500 亿元至 6 050 亿元。

（来源：《证券日报》，有改动）

项目九

全局意识，协同合作促运营
——供应链管理

知识概要

一、本项目思维导图

本项目主要介绍供应链的演变与发展、供应链的结构模型、供应链的类型、供应链管理的内涵及内容、供应链管理的目标、供应链管理的方法等内容，如图 9-1 所示。

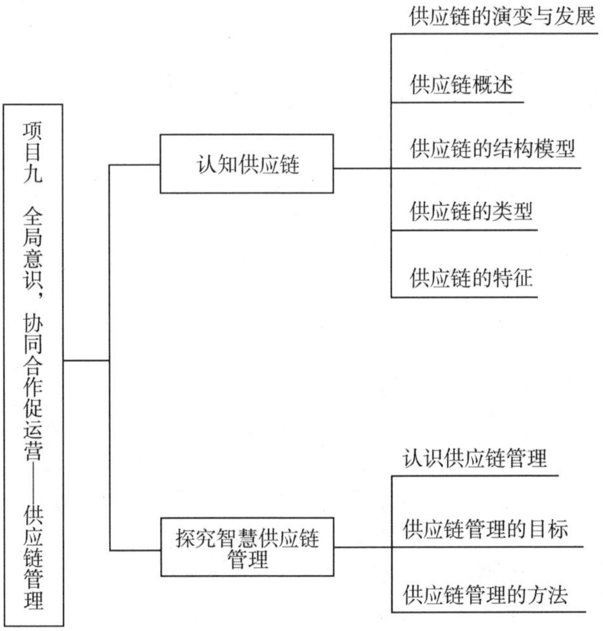

图 9-1　本项目思维导图

二、本项目重难点分析

本项目重难点包括供应链的概念及特征、供应链的类型、供应链管理的内容和目标。

（一）供应链的概念及特征

1. 供应链的概念

在《物流术语》（GB/T 18354—2021）中，对供应链的定义是：生产及流通过程中，围绕核心企业的核心产品或服务，由所涉及的原材料供应商、制造商、分销商、零售商直到最终用户等形成的网链结构。

供应链的基本结构如图 9-2 所示。

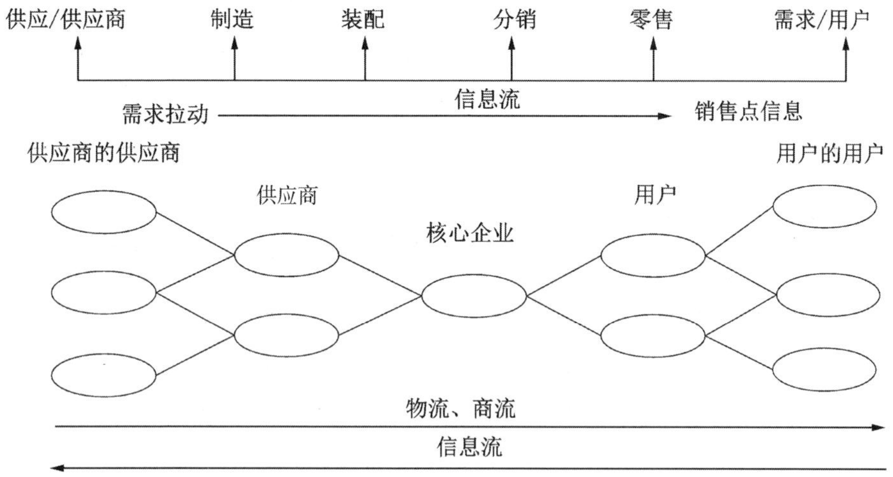

图 9-2　供应链的基本结构

2. 供应链的特征

供应链是一个涉及从原材料供应商到最终用户的复杂系统，具有复杂性、动态性、面向用户需求和交叉性等特征。

（二）供应链的类型

根据不同的划分标准，可以将供应链划分为不同的类型，具体如表 9-1 所示。

表 9-1　供应链的类型

序号	分类标准	主要类型
1	供应链的范围	内部供应链和外部供应链
2	供应链的复杂程度	直接型供应链、扩展型供应链和终端型供应链
3	供应链的稳定性	稳定的供应链和动态的供应链
4	供应链的容量与用户需求	平衡的供应链和倾斜的供应链
5	供应链的功能模式	有效型供应链、反应型供应链和创新型供应链
6	供应链中企业的地位	盟主型供应链和非盟主型供应链
7	供应链的驱动力	推式供应链、拉式供应链、推-拉混合式供应链

（三）供应链管理的内容和目标

1. 供应链管理的内容（表 9-2）

表 9-2 供应链管理的内容

序号	管理内容	地位及作用
1	客户	客户管理是供应链管理的起点，供应链源于客户需求，也终于客户需求，因此供应链管理是以满足客户需求为核心运作的
2	信息	信息管理是供应链管理的关键内容之一，要真正实现供应链管理潜能的最大化，信息流必须是双向的
3	库存	原材料、半成品及产成品的库存管理是供应链管理的重点，也是评价供应链管理成功与否的主要指标
4	关系	要通过协调供应链各成员之间的关系，加强与合作伙伴的联系，在协调合作关系的基础上进行交易，为供应链的全局最优化而努力
5	风险	为了使供应链上的企业都能从合作中获得满意结果，必须采取一定的措施规避供应链运行中的风险，以使供应链上的企业之间的合作更加有效

2. 供应链管理的目标

供应链管理的目标在于提高客户服务水平和降低总交易成本，并且寻求两者之间的平衡，以达到总成本最低、客户服务最优、总库存最小、总周期最短和物流质量最优的目标。

三、本项目涉及的主要物流术语（表 9-3）

表 9-3 本项目涉及的主要物流术语

序号	物流术语	含义
1	供应链	生产及流通过程中，围绕核心企业的核心产品或服务，由所涉及的原材料供应商、制造商、分销商、零售商直到最终用户等形成的网链结构
2	供应链管理	从供应链整体目标出发，对供应链中采购、生产、销售各环节的商流、物流、信息流及资金流进行统一计划、组织、协调、控制的活动和过程
3	快速反应	供应链成员企业之间建立战略合作伙伴关系，利用电子数据交换等信息技术进行信息交换与信息共享，用高频率小批量配送方式补货，以实现缩短交货周期、减少库存、提高顾客服务水平和企业竞争力为目的的一种供应链管理策略
4	有效客户反应	以满足顾客要求和最大限度降低物流过程费用为原则，能及时做出准确反应，使提供的物品供应或服务流程最佳化的一种供应链管理策略

同步训练

一、单项选择题

1. 供应链节点企业既可以是这条供应链的成员，又可以是另一条供应链的成员，这体现了供应链的（　　）。

A. 增值性　　B. 交叉性　　C. 供求性　　D. 动态性

2. 与消费者联系最为紧密的是（　　）。

A. 零售商　　B. 批发商　　C. 制造商　　D. 供应商

3. 根据供应链的范围不同，可以将供应链分为（　　）。

A. 内部供应链和外部供应链　　B. 直接型供应链和扩展型供应链

C. 平衡的供应链和倾斜的供应链　　D. 盟主型供应链和非盟主型供应链

4. 下列供应链，主要体现供应链的用户需求功能的是（　　）。

A. 有效型供应链　　B. 反应型供应链

C. 创新型供应链　　D. 平衡的供应链

5. 根据供应链的容量与用户需求不同，可以将供应链分为（　　）。

A. 有效型供应链和反应型供应链　　B. 直接型供应链和扩展型供应链

C. 平衡的供应链和倾斜的供应链　　D. 盟主型供应链和非盟主型供应链

6. 由于供应链节点企业组成的跨度（层次）不同，供应链往往由多个、多类型甚至多国企业构成，体现了供应链的（　　）特征。

A. 动态性　　B. 交叉性　　C. 跨越性　　D. 复杂性

7. （　　）供应链是一种基于预测的供应链管理模式。

A. 推式　　B. 拉式　　C. 推-拉混合式　　D. 直接型

8. 供应链管理的起点是（　　）。

A. 库存管理　　B. 信息管理　　C. 关系管理　　D. 客户管理

9. 快速反应（QR）不适用于（　　）的行业。

A. 单位价值高　　B. 购买频率高

C. 季节性强　　D. 可替代性差

10. 下列不属于供应链管理的主要特征的是（　　）。

A. 集成化管理　　B. 信息孤岛现象

C. 战略合作伙伴关系　　D. 需求驱动的动态响应

11. 为了应对市场需求波动并减少“牛鞭效应”，供应链管理中常用的方法是（　　）。

A. 准时制生产（JIT）　　B. 供应商管理库存（VMI）

C. 经济订货批量（EOQ） D. 关键路径分析（CPA）

12. 供应链管理的核心目标是（　　）。

A. 降低单个环节的成本 B. 实现企业利润最大化

C. 提高客户满意度 D. 优化供应链整体运作与协同

13. 电子产品的推-拉混合式供应链是（　　）。

A. 前拉后推 B. 前推后拉 C. 前推前拉 D. 后推后拉

14. 推-拉混合式供应链的实施关键是（　　）。

A. 制造商的生产计划 B. 零售商的促销计划

C. 客户需求切入点的确定 D. 消费者的需求信息

15. 下列关于供应链管理目标的说法，正确的是（　　）。

A. 实现核心企业的成本最低化 B. 减少产品的生产时间

C. 提高客户满意度 D. 减少零售商各门店的存货

16. 供应链管理的最基本目标是（　　）。

A. 客户服务最优 B. 总成本最低

C. 总库存最小 D. 总周期最短

17. 快速反应起源于（　　）行业。

A. 食品 B. 电子 C. 药品 D. 服装

18. 有效客户反应（ECR）的实施可以减少许多不必要的成本开支，下列属于“管理费用下降”的是（　　）。

A. 商品制造成本下降 B. 商品促销费用减少

C. 办事员和财务人员减少 D. 包装材料减少

19. 供应链的主要成本来源是（　　），它对供应链中的物流周转时间有显著影响，对企业的反应能力有巨大影响。

A. 库存 B. 仓储 C. 运输 D. 分销

20. 供应链各个节点的选择应遵循强强联合原则，达到实现资源外用的目的，每个企业只集中精力于各自核心的业务过程，这坚持了（　　）原则。

A. 集优性 B. 战略性

C. 动态性 D. 自顶向下和自底向上相结合

二、多项选择题

1. 供应链的流程主要包括（　　）。

A. 物资流通 B. 商业流通 C. 信息流通 D. 资金流通

2. 下列属于供应链的特征的有（　　）。

A. 复杂性 B. 动态性 C. 交叉性 D. 面向客户服务

3. 根据供应链的容量与用户需求不同，可将供应链分为（　　）。

A. 稳定型供应链　　B. 平衡的供应链

C. 倾斜的供应链　　D. 有效型供应链

4. 供应链管理涉及（　　）。

A. 供应管理　　B. 生产计划管理

C. 需求管理　　D. 回流管理

5. 下列关于供应链管理的说法，正确的有（　　）。

A. 供应链管理需要把不同企业集成起来以提高效率

B. 供应链管理需要对供应链中的所有活动进行计划、组织、协调和控制

C. 供应链管理可以将产品及时准确地送到消费者手中

D. 供应链管理注重逆向管理，而忽略传统的正向管理

6. 供应链管理的主要目标包括（　　）。

A. 总成本最低　　B. 客户服务最优

C. 总库存最小　　D. 总周期最短

三、判断题

1. 供应链是交错链状的网络结构。（　　）

2. 供应链结构模型比一般单个企业模型更为简单。（　　）

3. 供应链的网络结构是由供应商推动形成的。（　　）

4. 现代供应链管理是把供应链上的各个企业作为一个整体，使供应链上的各个企业分担采购、生产、分销、销售等职能，并作为一个协调发展的有机体。（　　）

5. 供应链管理是一种集成的管理思想和方法，是一种管理战略。（　　）

6. 推式供应链要求以客户需求为驱动。（　　）

7. 要有效实现供应链管理的目标，必须依托强大的信息技术。（　　）

8. 供应链中只有相邻的两个节点之间是供应与需求的关系，而非相邻的节点之间不是供应与需求的关系。（　　）

9. 快速反应需要通过柔性生产，以满足不同客户的不同需求。（　　）

10. 有效客户响应只有借助于多种物流技术，才能实现商品供应的精确性。（　　）

11. 供应链仅涉及企业内部的原材料采购、生产制造和产品销售环节。（　　）

12. 供应链管理的核心是优化企业内部的物流和库存管理。（　　）

13. 信息共享是供应链管理的重要特征之一，能有效减少“牛鞭效应”。（　　）

14. “供应商管理库存”模式中，库存决策主要由下游企业主导。（　　）

15. 供应链管理需要具备动态调整能力，以应对市场需求变化和突发事件。（　　）

四、材料分析题

1. 安利（中国）在2022年完成了供应链控制塔一期项目建设，初步实现了从原材料供应、订单生产到交付物流等环节的端到端可视化。通过这一建设，公司能够更好地预测缺货风险，加强对核心运营环节的监控和风险预警，提高了供应链的灵活性与跨部门协作效率，在成本、质量和敏捷性方面取得了综合性平衡。即使出现对供应链造成负面影响的情况，安利（中国）的核心产品有货率仍能全年达标，并远超全球其他市场的表现。

在2022年至2023年期间，安利（中国）进一步推进供应链控制塔二期项目，深化了库存智能管理、供应商智能协同和成本智能管控三个模块。以库存智能管理为例，公司通过场景化建模分析，综合权衡预测准确率、有货率要求、前置期、经济订单批量等多个因素，实现了库存的精细化管理。这一过程不仅降低了库存水平，还减少了资金占用，提升了供应链的整体效率和效益。

问题：

（1）安利（中国）供应链管理的核心目标是什么？

（2）安利（中国）在供应链管理中是如何平衡低库存风险与高库存资金占用的？

2. 随着电子商务的迅猛发展，某知名电子产品零售商LW面临着前所未有的供应链管理挑战。LW的产品线涵盖了从智能手机、平板电脑到家用电器等数千种商品，其供应链网络遍布全球。

为了应对日益增长的消费者需求和提高供应链的灵活性，LW实施了一系列供应链管理优化措施。首先，LW引入了先进的供应链管理系统，该系统能够实时跟踪库存状况、预测需求变化，并自动调整订单量。其次，LW与关键供应商建立了战略合作伙伴关系，共享销售数据和市场趋势，以便供应商更准确地调整生产计划。最后，LW加强了物流网络的智能化建设，通过智能仓储和自动化配送系统，缩短了配送时间，提高了客户满意度。

问题：

（1）结合 LW 的案例，分析供应链管理优化措施是如何帮助企业提高市场响应速度和运营效率的。

（2）LW 的供应链管理优化措施对其长期竞争力有何影响？

拓展阅读

中国供应链六大发展趋势

随着全球化的不断深入和科技的迅猛发展，中国供应链发展正处于一个新的历史起点。2025 年，中国供应链的发展将呈现出六大显著趋势，这些趋势不仅将重塑行业的未来，还将对全球经济格局产生深远影响。

一是开拓供应链出海征程。2025 年供应链出海是中国企业在全球经济格局下的重要战略选择。一方面，全球贸易保护主义抬头、欧美相关政策调整促使中国企业必须积极应对；另一方面，新兴市场的崛起及新兴产业的发展，为供应链出海带来了广阔机遇，如拉丁美洲、东南亚地区的消费潜力增长为中国企业提供了新的市场空间。数字化转型和智能化升级将会成为中国企业 2025 年供应链出海的关键驱动力。通过数智化相关技术，中国企业能够更加精准预测需求、优化库存、提高效率、降低成本，从而构建更完善的供应链及服务体系。

二是打造卓越供应链韧性。在当今全球化与科技飞速发展的时代，企业所处的商业环境充满了不确定性与变数。传统供应链在这样的环境中屡屡遭受冲击，从贸易摩擦造成供应中断，到自然灾害引起物流梗阻，再到突发公共卫生事件带来的市场需求骤变，每一次危机都如同一记重锤，让依赖传统供应链的企业陷入困境。强化供应链韧性成为企业在这动荡时代破局突围、迈向卓越的关键战略。其核心在于对不确定性的全新认知与积极应对。通过识别供应链脆弱性，精准找出其中的薄弱环节，利用构建冗余和选择权，采取多源采购、合理设置安全库存及开发多条物流路线等措施，使供应链在面临不确定性时，可以维持运营的连续性。

三是驱动新质供应链变革。风云激变之中不进则退，新质生产力与供应链管理的深度融合，将成为推动产业升级和经济转型的关键力量。通过技术创新驱动下一代生产力，通过高水平的协同化和平台化，促使产业集群发生深度的转型升级。这将促进供应链组织模式的革新：对外，进一步拓展开放合作网络，加强与高校、研究所、行业协会、生态伙伴的合作，激发创新活力，实现新的价值创造。同时，培育新型供应链人才也是重要一环。

四是共建绿色供应链生态。在我国绿色低碳发展的大背景下，企业面临的环境政策风险增大，客观上要求企业实现供应链绿色化。将数字化和智能化变革相结合，实现供应链的提质增效、降本增益，已经成为提升企业竞争力的重要举措。通过数智化提升绿色化水平，优化低碳供应链的目标和路径。绿色供应链的持续深化依赖于供应链上下游之间的价值认同、商业信任和协同推进。在绿色转型过程中，商业模式的创新能够创造更大的绿色价值空间，并且将绿色价值转化为共同增值的价值链，增加彼此之间的黏合度和市场份额。

五是加速供应链标准建设。加速构建供应链标准体系，主要关注点包括构建绿色供应链标准体系，强化供应链安全体系，推动供应链数字化、网络化、智能化发展，促进产业链与供应链协同发展，以及应对国际环境和地缘政治冲突影响。供给方向将受到技术进步、全球事件和消费者期望变化的共同影响。推动标准宣贯与应用，强化标准实施指导，开展标准化试点示范工作，完善对标达标工作机制，加强标准应用效果的跟进与评估，探索遴选一批标准应用的试点项目、优秀案例和典型场景。

六是全面构筑数智供应链。随着新一轮科技革命和产业变革的深入发展，数据作为关键生产要素，已经产生一定的效益。然而，海量数据的效能释放仍显不足，亟须与智能化技术深度集成、协同创新。通过发挥“数据要素+人工智能”的集成效应，可以更好地促进生产要素创造性重组、产业深度转型升级，进而推动我国经济高质量发展。供应链作为链接商品制造与流通的重要基础设施，在当前越发复杂和动态的内外部环境中，数智化转型升级需求尤为迫切。构建数智化供应链，将有助于打造具有更强创新力、更高附加值且更安全可靠的生态协同“共赢链”。

（来源：中国物流与采购联合会采购与供应链专家委员会，有改动）

全产业链销售760亿元，柳州如何打造“螺蛳粉+供应链”新范式？

《舌尖上的中国》（第四季）在央视播出了，在第一季第一集就出现过的螺蛳粉再一次进入镜头。不同的是，当初的螺蛳粉还只是一道地方特色小吃，而如今的螺蛳粉已经成为享誉国内外的中国美食，形成了一个规模为数百亿元的产业。

螺蛳粉能够走红并发展至今，背后有诸多因素推动，堪称区域品牌发展的经典案例，其整个产业链供应链的发展非常系统，并且还在不断完善。

螺蛳粉从地方小吃蜕变为百亿元级产业，离不开柳州在供应链建设上的系统性布局。从品牌管理到原材料供应，再到市场拓展和文旅融合，柳州通过全产业链的深度整合，为螺蛳粉行业提供了强有力的支撑，使其成为区域品牌全国化、国际化的典范。

（一）品牌建设与管理：从地方特色到全球标识

柳州螺蛳粉的成功，首先得益于其品牌化运作。柳州通过申请地理商标，并在全球数十个国家注册“柳州螺蛳粉”品牌，确保了其唯一性和合法性。同时，柳州建立了严格的品牌监测机制，打击侵权行为，只有经过授权的企业才能使用“柳州螺蛳粉”标志，且这些企业必须使用本地认证的原材料，并在柳州设立生产工厂，这进一步保证了产品的品质和地域特色。

此外，柳州还推动了螺蛳粉产业标准的制定和完善。例如，《预包装柳州螺蛳粉生产企业质量管理规范》等标准，涵盖了从原材料采购到生产加工、包装标识、物流配送等各个环节。标准化不仅提升了螺蛳粉的整体质量水平，还提高了消费者的信任度和品牌忠诚度。

（二）原材料供应与生产效率：从田间到餐桌的全程把控

螺蛳粉的核心竞争力在于其独特的风味，而风味的稳定离不开高质量的原材料供应。随着螺蛳粉市场的爆发式增长，大米、竹笋、木耳、豆角、腐竹、螺蛳等原材料需求大幅增加。为此，柳州采取了一系列措施，确保原材料的稳定供应和高质量。例如，螺蛳养殖：2022 年，柳州螺蛳养殖面积已超过 6.5 万亩（约 43.3 平方千米），并通过稻螺综合种养模式，进一步提高养殖效率；大米供应：柳州推广高产优质水稻品种，建设高标准农田，确保米粉加工用大米的品质和产量；酸笋与酸豆角供应：柳州建立了全国最大的酸笋、酸豆角交易市场，累计认定的原材料生产示范基地达数十个。

在生产环节，柳州鼓励企业引入智能化生产线和数字化管理系统，提升生产效率。例如，部分龙头企业通过自动化设备实现了米粉的标准化生产，日均产量可达数十吨。同时，柳州还优化了物流配送体系，设立分拨中心，确保产品新鲜地送到消费者手中。2023 年，柳州螺蛳粉年寄递量突破 1 亿件，成为广西首个年寄递量过亿件的单类产品。

（三）市场拓展与渠道优化：从本地到全球的销售网络

柳州螺蛳粉的市场拓展策略可谓多点开花。在国内市场，柳州通过电商平台、社交媒体营销及线下实体店建设，不断拓宽销售渠道。例如，柳州螺蛳粉连续多年参与“双 11”大促，单日销售额屡创新高。2024 年，柳州螺蛳粉实体店数量已超 4.9 万家，覆盖全国各大城市。

在国际市场，柳州通过积极参与国际展会和交流活动，推动螺蛳粉出口。2023年，柳州螺蛳粉出口货值达8 727.2万元，远销美国、加拿大、澳大利亚等20多个国家和地区。螺蛳粉不仅成为柳州的地方名片，还成为中国美食文化输出的重要载体。

（四）螺蛳粉+文旅：从美食到文化IP

柳州螺蛳粉的崛起，不仅带动了产业发展，还催生了一种独特的“螺蛳粉+文旅”模式。自2012年《舌尖上的中国》播出后，柳州便将螺蛳粉与文旅深度融合，打造了一系列以螺蛳粉为主题的旅游项目。例如，螺蛳粉小镇：集生产、观光、体验于一体的特色小镇，吸引了大量游客前来打卡；螺蛳粉文化博物馆：通过展示螺蛳粉的历史、制作工艺和文化内涵，进一步提升其文化标识度；“万人同品螺蛳粉”活动：每年举办的螺蛳粉文化节和美食节，成为柳州文旅的重要亮点。

（五）智能化与全球化

随着螺蛳粉产业的不断成熟，柳州在供应链建设上的投入也在持续加大。未来，柳州还计划进一步推动智能化生产，引入更多的自动化设备和数字化管理系统，提高生产效率和产品质量。同时，柳州还将加强与国际物流企业的合作，优化全球配送网络，确保将螺蛳粉高效、新鲜地送到全球消费者手中。

从街边小吃到百亿元级产业，柳州螺蛳粉的成功离不开柳州在供应链建设上的系统性布局。通过品牌化管理、原材料供应保障、市场拓展和文旅融合，柳州不仅打造了一个强大的区域品牌，还为地方特色产业的全国化、国际化提供了宝贵经验。

随着螺蛳粉市场的不断扩大，品牌之间的竞争也日益激烈。未来，螺蛳粉品牌不仅需要在产品创新和供应链管理上持续发力，还需要在品牌建设和市场拓展上不断创新。

（来源：雪球，有改动）

参考答案

项目一　穿越古今，开启物流小学堂——物流概述

一、单项选择题

1—5　DDAAC　6—10　CBCBC　11—15　DBDBA　16—20　ADCCC

二、多项选择题

1. ABCD　2. CD　3. ABCD　4. ABC　5. ACD　6. ABCD

三、判断题

1—5　✓×✓✓✓　6—10　×✓×✓✓　11—15　×××✓✓

四、材料分析题

1.（1）山西汽运集团的物流功能要素包括运输、仓储、装卸搬运、包装、流通加工、配送和信息处理等，并开展了专线运输、零担快运、大件货运、城市配送、特种运输、煤焦运输等业务。

（2）山西汽运集团进行现代物流管理的方式有：

① 依托传统优势，建立物流专线快运网络。

② 企业开展重组整合，优化资源配置，打造以能源、交通、物流、服务为主导的现代化物流旗舰型企业集团，为全省现代物流业的快速跨越提供有力支撑。通过与各类企业物流、社会物流进行对接，拉动商贸流通，形成大物流网。

③ 加强物流园区建设，实现产业的空间集聚、资源的有效整合、业务的流程优化，从而提高辐射带动能力。

2.（1）大众包餐公司实施准时化服务有困难，主要是受设施设备的限制，存在食品变质的风险，难以实现准时化服务。该公司冷库小，厨师少，不能满足顾客的菜单多样化、服务柔性化、响应及时化需要，这方面的问题是内部管理的主要问题。

（2）为了与“苏锡常地区小有名气的餐饮企业”之名相适应，提供全方位的服务，大众包餐公司在引进第三方物流时应做好以下几项工作（不限于以下几点）：对第三方物流企业的选择，要求竞标竞选，提供价廉物美的服务，签订双赢的合同；合理确定配送路线，定时定点定人，提高配送效率；提高套餐档次，配备特色厨师。

项目二　物传千里，智慧包装保安全——包装作业

一、单项选择题

1—5　DBDBD　6—10　CCDBA　11—15　CDDBC　16—20　DCCCC

二、多项选择题

1. ABCD　2. ABC　3. AC　4. ABD　5. ABCD　6. ABCD

三、判断题

1—5　√√×××　6—10　√√×√√　11—15　√√××√

四、材料分析题

1.（1）三星公司对包装材料的优化体现在以下三个方面：

① 尽量使用可以循环利用的包装材料。

② 在满足产品包装要求的前提下，尽量少使用包装材料。

③ 尽量使用环保型包装材料。

（2）现代包装的发展趋势如下：

① 契合环境保护的绿色包装设计。

② 突出商品特性的包装设计。

③ 适配电子商务销售的现代商品的包装设计。

或者从智能化、绿色化、个性化定制、环保与可持续发展等角度阐述。

2.（1）电子产品的物流包装：采用多层次的物流包装设计。外包装采用高强度的纸箱，具有抗压、抗震等特点，能够确保产品在运输过程中的安全性。内包装使用泡沫塑料和气囊，能够有效地缓冲和吸收冲击力，防止产品受到挤压和碰撞。对于产品本身，采用塑料薄膜和保护膜进行包装，能够保护产品表面不被划伤和污染。这种多层次的物流包装设计可以使产品在运输过程中得到全方位的保护，有效降低产品损坏率。

（2）食品的物流包装：采用可降解的物流包装材料。外包装采用纸盒和纸袋，这种材料可以被循环利用或者在进行简单处理后可降解。内包装使用可降解的塑料袋，以减少对环境的污染。同时，建议采用密封性强的设计，防止食品受到空气、湿气和异味的污染，从而保持食品的新鲜度和口感。这种物流包装设计既符合现代社会的环保要求，也符合消费者对食品安全和环保的需求。

（3）化妆品的物流包装：采用高档的物流包装设计，以突出产品的品质和品牌形象。外包装采用精美的礼盒，使用高质量的纸板，并搭配精致的印刷工艺，使产品外观更加精致；内包装采用特制的塑料盒和泡沫垫，保护产品在运输过程中免受挤压和碰撞。同时，建议采用密封性强的设计，防止产品受到空气、湿气和光线的影响，以保持产品的质量和效果。这种高档的物流包装设计不仅会提升产品的品质和品牌价

值，还会增强消费者对产品的信任，激发其购买欲。

项目三　责任至上，智慧赋能新动力——装卸搬运

一、单项选择题

1—5　CCCDA　6—10　DCBBD　11—15　BCCBB　16—20　DABDC

二、多项选择题

1. ABCD　2. ACD　3. AD　4. ABCD　5. ABC　6. BCD

三、判断题

1—5　×√√×√　6—10　√√×××　11—15　××××√

四、材料分析题

1.（1）联华便利物流中心的装卸搬运系统设计对各平台间的搬送自动化做了以下考虑：

① 为了实现货物的装卸搬运，配置了电动叉车、手动托盘搬运车、垂直升降机、笼车、输运机、数字拣选设备等主要装卸搬运机械设备。② 在装卸搬运时，操作过程如下：当外来货物卸下后，将其装到托盘上，然后由手动叉车将货物搬运到入库运载处，通过入库运载装备上升，将货物送上入库输送带。当接到向第一层搬送指示的托盘在经过升降机平台时，不再需要上下搬运，而直接从当前位置经过一层的入库输送带自动分配到一层入库区等待入库；接到向二至四层搬送指示的托盘，由托盘垂直升降机自动传输到所需要的楼层。当升降机到达指定的楼层时，由各层的入库输送带自动搬送货物到入库区。货物下平台时，由叉车从输送带上取下托盘入库。出库时，根据订单进行拣选配货。拣选后的出库货物用笼车装载，由各层平台通过笼车垂直输送机送至一层的出货区，装入相应的运输车上。

（2）联华便利物流中心装卸搬运系统有改进的余地，可从库区布局、设备设施选用、自动化等方面进行改进。

2.（1）装卸搬运环节对公司发展的作用包括：

① 直接影响公司的生产效率和经济效益。② 是直接生产不可缺少的环节。③ 在生产领域起到“闸门”和“咽喉”的作用，是公司的动脉，如果动脉血液停止流动，整个公司将处于瘫痪状态。

（2）M 公司的搬运系统改造可以从以下几方面入手：

改善装卸作业，即改造装卸搬运系统，设法提高装卸作业的机械化程度，同时尽可能地实现作业的连续化，从而提高装卸效率，缩短装卸时间，降低物流成本。

项目四　担当重任，智慧守库铸新篇——仓储作业

一、单项选择题

1—5　BACBA　6—10　CCBBA　11—15　BABCD　16—20　BCCDC

二、多项选择题

1. AC　2. BD　3. AC　4. ABC　5. BC　6. ABCD

三、判断题

1—5　×✓×✓✓　6—10　✓✓✓✓✓　11—15　✓✓✓×✓

四、材料分析题

1.（1）外运物流在仓储管理方面具有以下特色：注重仓储设施的现代化和智能化建设，通过引入先进的仓储管理系统和自动化设备，实现了仓储作业的精准、高效、自动化。同时，注重对仓储环境的监控和维护，以确保存储物品的安全和质量。

（2）外运物流的全程供应链管理解决方案包括供应链管理咨询、物流方案设计、库存管理、订单处理等在内的全方位供应链解决服务。公司能够为客户提供量身定制的供应链解决方案，帮助客户优化物流流程、降低成本、提高效率。

2.（1）连云港外贸冷库引进了日本先进的组装式冷库技术，这种技术使得冷库的建造更加快速、高效，且维护成本更低，使其能够为国内外客户提供一流的冷藏服务。

（2）连云港外贸冷库位于连云港市的核心区域，与港口、高速公路、机场、铁路等交通设施紧密相连，交通网络四通八达。这样的地理位置不仅方便了客户的货物进出库，还大大缩短了货物的运输时间，降低了物流成本。

项目五　精准高效，智慧制造提效益——流通加工

一、单项选择题

1—5　BCDBA　6—10　DBACA　11—15　DDBBC　16—20　DACDB

二、多项选择题

1. ABCD　2. AD　3. ABD　4. BC　5. ABCD　6. ABCD

三、判断题

1—5　××✓××　6—10　×✓××✓　11—15　✓××✓×

四、材料分析题

1.（1）水果产业流通加工可以从以下四个方面进行：

① 满足不同市场需求，根据水果的大小、颜色、成熟度、糖度等指标进行分级和分拣。

② 对水果进行清洗，去除表面的泥土、农药残留等，并进行消毒处理，提高食品安全性。

③ 根据销售渠道和市场需求，对水果进行重新包装，贴上符合当地法规的标签，标签上含产地、保质期、营养成分等信息，提高产品附加值，方便消费者购买。

④ 对部分水果进行深加工，如加工成果汁、果干、果酱、水果罐头等。

（2）流通加工可以给水果市场带来的优势包括：

① 通过分级、包装、深加工等操作，提高产品附加值。

② 流通加工中的冷链处理、清洗消毒等措施可以有效延长水果的保质期，减少运输和储存过程中的损耗。

③ 通过流通加工，水果企业可以推出更加多样化的产品，如组合礼盒、深加工产品等，从而在市场竞争中占据优势。

④ 流通加工有助于推动水果产业从单一价格竞争转向价格、服务、品牌等多维度综合竞争，促进产业高质量发展。

2.（1）流通加工的主要目的是提高物流效率、降低配送成本、满足客户需求，并提高产品附加值。加工、分拣、包装等操作可使产品更适合销售和配送。

（2）流通加工通过灵活的包装、促销组合和严格的质量控制，满足了不同客户的需求。例如，小包装适合零售门店，促销组合吸引消费者，质检确保产品质量，这些都提升了客户满意度。

项目六　行稳致远，智领物流畅无阻——运输管理

一、单项选择题

1—5　DBBDC　6—10　ABCCB　11—15　CBCCD　16—20　CCBBB

二、多项选择题

1. ABC　2. ABC　3. ABC　4. ABD　5. ABD　6. ABCD

三、判断题

1—5　×√√√×　6—10　×√√×√　11—15　×√√√√

四、材料分析题

1.（1）影响 A 物流公司运输合理化的因素主要包括：

① 运输距离：原材料供应商距离工厂过远，增加了运输时间和成本。

② 运输环节：多次中转和装卸导致效率低下，成本增加。

③ 运输工具：未根据货物特性合理选择运输方式，导致成本增加。

④ 运输时间：紧急订单运输延误，影响生产和市场响应。

⑤ 运输费用：缺乏成本控制措施，整体运输成本较高。

（2）具体的改进措施包括：

① 优化供应商选择：评估供应商的位置，优先选择距离工厂较近的供应商，减少长途运输。

② 简化运输环节：采用直达运输方式，减少中转次数，降低装卸成本。

③ 合理选择运输方式：根据货物特性（如体积、重量、价值、紧急程度等）选择合适的运输方式，如对于高价值小件可考虑快递或专车直送，对于大宗原材料则采用成本效益更高的铁路运输或海运。

④ 提升运输效率：引入先进的物流管理系统，实时监控运输状态，优化运输路线，确保紧急订单优先处理。

⑤ 实施成本控制：建立成本预算和监控机制，定期评估运输成本，寻找降低成本的机会，如谈判降低运费、优化包装减少破损等。

2. （1）辽宁省在推动大型工矿企业运输结构优化方面采取的主要措施包括政策支持与资金保障、推进“铁路专用线进企入园”项目、创新运输模式，以及推进标准化与规范化建设。这些措施显著提升了综合运输效率，降低了物流成本，减少了碳排放，推动了交通运输领域的清洁低碳转型。

（2）辽宁省在推动大型工矿企业运输结构优化的过程中可能面临的挑战包括资金投入不足、遇到技术瓶颈、政策执行力度不够等。为了解决这些问题，政府应加大资金投入和政策支持力度，鼓励技术创新和产业升级，同时加大政策执行和监管力度。

项目七　精准掌控，智慧配送达使命——配送作业

一、单项选择题

1—5　AACBB　6—10　CDBDC　11—15　CACDA　16—20　BABBA

二、多项选择题

1. ABC　2. ABCD　3. AB　4. ABCD　5. AB　6. ABCD

三、判断题

1—5　✓✓✓×✓　6—10　✓✓×××　11—15　✓✓✓✓✓

四、材料分析题

1. （1）从配送类型来看，“定时配送”的优点是配送时间固定，有利于配送部门制订工作计划，也有利于客户安排接货，是一种双赢方式。“共同配送”的优点是企业不需要投入较多的资金和人力，可通过互用配送系统、共享运输资源等方式扩大自身的配送规模和范围，提高配送效率，缩短配送周期，降低物流成本。

（2）A 生鲜配送中心优化配送流程采用的方法如下：

① 采用定时配送，确保生鲜食品按时送达。

② 实施共同配送，降低运输成本和提高配送效率。

③ 引入冷链技术，保障生鲜食品的品质。

④ 采用自动化分拣设备，提高分拣效率。

⑤ 建立客户反馈机制，优化服务质量。

2. （1）按照配送距离从远到近的原则，材料中提到的三种类型的配送中心的排位应该是区域型配送中心、城市型配送中心、社区型配送中心。区域型配送中心负责城市范围内的大规模配送；城市型配送中心服务于中小型零售商，提供多频次配送；社区型配送中心专注于“最后一公里”的配送，服务于社区内的便利店和居民。

（2）不同类型的配送中心在配送流程上的区别如下：区域型配送中心注重货物的集中储存和大规模配送，流程较为复杂。城市型配送中心注重配送的多频次和小批量，流程灵活，响应速度快。社区型配送中心注重“最后一公里”的配送，流程贴近消费者，注重时效性和服务质量。

项目八　科技引领，智慧物流显身手——信息处理

一、单项选择题

1—5　AABBA　　6—10　ABBCC　11—15　DADAB　　16—20　ADAAC

二、多项选择题

1. ABCD　2. AC　3. ABCD　4. ABC　5. AB　6. ABCD

三、判断题

1—5　✓×✓✓✓　6—10　✓✓✓×✓　11—15　✓✓×✓✓

四、材料分析题

1. （1）美团构建的无人配送产业生态圈是一个开放的合作平台，旨在通过整合多方资源和技术，推动无人配送技术的发展和应用。具体来说，美团通过开放自身的多重场景与能力，与无人配送企业、技术提供商、研究机构等合作伙伴协作，共同打通无人配送在“产学研用”全生命周期链上的关键环节。其核心是开放合作、场景多样化、技术整合与产业协同。

（2）无人配送技术在未来有广阔的应用前景，尤其是在物流、外卖、零售等领域。随着技术的成熟和成本的降低，无人配送车可以承担更多的配送任务，尤其是在以下场景中：城市配送，如在交通拥堵的城市环境中，无人配送车可以高效地完成短途配送任务，尤其是在夜间或高峰时段；特殊场景，如在医院、校园、工业园区等封闭或半封闭场景中，无人配送车可以提供更加精准和高效的配送服务；农村及偏远地区，无人配送车可以解决偏远地区物流配送难的问题，扩大物流覆盖范围。

2. （1）天津港物流信息平台应是一个综合性的数字物流信息系统，主要由以下几个部分构成：内部信息化办公系统、EDI（电子数据交换）中心、外部门户网站、

物流信息共享平台、电子报关系统与国际中转审批系统。

（2）物流信息平台的建设可以提高港口管理效率，优化资源配置，提升服务质量，促进信息共享和协作，进而提高整体物流效率，降低运营成本，提升国际竞争力，促进区域经济发展。

项目九　全局意识，协同合作促运营——供应链管理

一、单项选择题

1—5　BAACC　6—10　DADBB　11—15　BDBCC　16—20　ADCAA

二、多项选择题

1. ABCD　2. ABCD　3. BC　4. ABCD　5. ABC　6. ABCD

三、判断题

1—5　√××√√　6—10　×√×√√　11—15　××√×√

四、材料分析题

1. （1）安利（中国）供应链管理的核心目标是通过数智化转型，实现从原材料供应到交付物流的端到端可视化，提高供应链的灵活性与跨部门协作效率，取得成本、质量和敏捷性的平衡，确保一定的产品有货率，提升供应链的整体竞争力。

（2）安利（中国）通过供应链控制塔项目，对库存进行精细化管理，利用场景化建模分析，综合考虑预测准确率、有货率要求、前置期、经济订单批量等因素，找到库存水平的全局最优解，从而在低库存风险和高库存资金占用之间取得平衡。

2. （1）LW 通过引入先进的供应链管理系统，实现了库存和需求管理的实时化，从而能够迅速响应市场变化，调整采购和库存策略；与关键供应商建立了战略合作伙伴关系，促进了信息共享，提高了供应链的透明度和协同性，使得生产计划更加精准；应用了智能仓储和自动化配送系统，缩短了产品从仓库到消费者的时间，提高了运营效率，同时也提升了客户满意度。

（2）LW 的供应链管理优化措施对其长期竞争力具有积极影响。首先，通过提高市场响应速度和运营效率，LW 能够更好地满足消费者的需求，提高客户忠诚度。其次，与供应商的紧密合作有助于降低成本、提高产品质量，从而在价格和质量上获得竞争优势。最后，智能化物流网络的建立，不仅提高了配送效率，还减少了犯错和延误，进一步提升了品牌形象和市场地位。这些措施共同促进了 LW 的长期可持续发展和竞争力提升。